한반도와 일본의 미래

미래

일본의
한반도와

노수경 옮김
강상중 지음

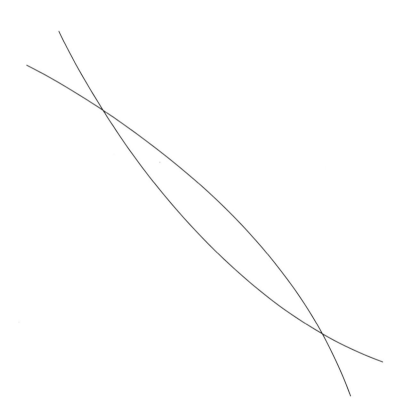

사□계절

들어가며

2020년은 한국전쟁 발발로부터 70년이 되는 해다. 유럽의 동서 냉전Cold War은, 아시아에서는 군사 충돌을 수반한 열전Hot War이었다. 그리고 그 무대가 된 한반도는 초토화되었다. 일설에 의하면 2차 세계대전 중 일본인 총사망자 수에 비할 정도로 많은 이들이 한반도에서 목숨을 잃었다고 한다. 이 '준準세계대전'이 발발하던 해에 태어난 나는 수많은 죽음의 이미지를 한시도 잊은 적 없다. 70년에 걸친 '사격 중지' 상태가 내 삶에 부과된 저주처럼 여겨졌고, 이를 극복하는 것이 내 인생 최대의 주제였다.

언젠가 나는 이 전쟁의 종말에 관한 책을 한 권 쓰고 싶었다. 2003년에 출판한 『일조 관계의 극복日朝關係の克服』은 50대 초반에 「조일 평양선언」(2002년 9월 17일 조인)을 계기로 쓴 승부작이었다. 그리고 지금의 이 책 또한 내게는 승부작이다. 하지만 지난번과

달리 이번에는 일종의 체념과 타협 속에서 책을 썼다. 나는 이제 남북의 통일을 볼 수 없을 것이라는 체념 말이다.

그럼에도 이 책을 세상에 내려고 마음먹은 것은 단지 내가 70세를 바라보고 있어서만은 아니다. 현재 한국과 일본 사이에는 전후 최악이라 할 만한 분위기가 돌고 있으며, 남북 관계와 북미 관계는 새로운 전망이 보이지 않는 난항에 빠져 있다. 더욱이 신종 코로나바이러스의 대유행으로 세계 경제가 마비되고 혼란한 가운데 언제 세계 공황이 닥칠지 모르는 상황이다. 분명 위기가 국경을 넘어 확대되는 중이다. '내일을 알 수 없다'는 내 안의 감각을 불현듯 전 세계가 공유하기 시작했나 싶을 정도이다.

하지만 전 지구를 뒤덮은 재앙의 창궐은 지상의 그 누구든 희생자가 될 가능성을 잉태하고 있는 만큼, 나라와 체제의 차이를 뛰어넘어 협력을 증진할 가능성도 품고 있을 것이다. 물론 불안과 공포로 인해 적대와 배척의 방향으로 갈 가능성도 없지 않다. '연대'와 '새로운 벽'은 동전의 양면과도 같다. 그럼에도 나는 연대의 가능성을 믿고 한반도와 일본이 함께 나아갈 미래의 모습을 많은 사람과 공유하기 위하여 이 책을 썼다.

『한반도와 일본의 미래』를 통해 위기 속에서 기회를, 비관 속에서 낙관을, 절망 속에서 희망을 찾는 것이 단순한 망상이 아님을 여러분이 실감해주시리라, 나는 믿는다.

차례

06

한반도와

일본의   **미래**

01

전환의

위기

위기는 기회다

예외 상태는 평상시의 본질을 드러낸다. 전 지구에 퍼진 신종 코로나바이러스는 세계화의 가공할 만한 심연을 폭로했다. 바이러스라는 눈에 보이지 않는 위협을 계기로 전 세계의 전반적 상호 의존 관계가 '만인의 만인에 대한 투쟁'으로 변한 위기 상황이 드러난 것이다. 차별과 박해, 추방과 증오가 횡행하고 불안과 공포가 만연하자 이것을 해소할 수 있는 강권적 국가를 향한 갈망이 강해지고 있다. '비상사태'를 구실로 국경의 안쪽에서는 사람들의 입을 다물게 하는 강권의 발동을 정당화하고, 대외적으로는 국경을 봉쇄하고 출입국을 제한하며 관리를 강화하고 있다. 그 결과 국내외의 분단分斷과 이반離反이 확대될 가능성이 커졌다. 팬데믹이 상호 의존이 전방위적으로 확대된 글로벌 경제의 약점을 공격하는 가운데 세계 경제는 혼란과 마비로 허덕이고 있다.

이미 한국과 일본에서는 경제 성장 자체가 둔화된 저성장이 장기화되었다. 이와 더불어 고용이 불안정한 노동인구가 증가하고 평균 소득 증가율이 감소하는 등 위기가 만성화되고 있다. 양국 정부는 광범위한 시장 개입과 미증유의 저금리 정책, 그리고 과도한 주식시장 개입 같은 선택적 재정 지출 정책으로 위기를 겨우 억제했다. 하지만 사회가 나아가야 할 방향과 목적, 그리고 그 정당성에 대한 국민의 뿌리 깊은 불신과 반발이 수면 아래에서 번지고 있었다. 사회의 목적에 대한 합의가 깨지자 사람들의 감정과 행동이 제각각으로 흩어졌고, 사회적 정당성과 그에 따른 동기부여가 약화되고 사회 통합의 위기가 찾아왔다. 지금 한국과 일본에서 나타나는 정치와 사회의 분열은 이러한 위기가 표출된 것이다. 신종 코로나바이러스의 세계적 대유행은 한일 양국 사회의 전반적인 위기를 드러내었으니, 이것이 사회 질서의 붕괴라는 파국을 가져올 수도 있으리라.

하지만 이 위기는 새로운 가치관과 삶의 방식을 만드는 계기가 될 수도 있다. 위기가 새로운 사회 질서에 정당성을 부여하거나 그렇게 할 동기를 낳고, 변혁의 지렛대로 작동하는 것이다. 전반적 위기 상황에서 현상 유지에만 급급해하다가는 결국 사회를 파멸의 낭떠러지로 몰아갈 수도 있다. 위기는 변화를 향한 기회이며 변화를 필요로 한다.

위기가 곧 기회라는 것은 국경 안쪽, 즉 한 사회의 내부에만 적용되는 이야기가 아니다. 이 말을 일본을 둘러싼 동북아시아, 특히 한반도에 적용해보자. 최근 30년간 한반도에서는 남과 북의 분단이라는 '현상 유지' 상황을 안쪽에서부터 변화시키려는 시도와 그에 따른 시행착오가 이어졌다. 북한의 핵 위기와 북미 대립이 이것의 징후였다고 하겠다.

남북 간 평화 공존이나 북미 교섭의 진전, 더 나아가 미일 안보까지도 협상의 수단으로 삼을 수 있다고 생각하는 미국 대통령 도널드 트럼프Donald Trump의 등장으로, 남북 분단을 흔들리지 않는 전제로 삼고 일본의 평화와 안전을 미국에 위탁하려는 '현상 유지'의 리얼리즘이 흔들리고 있다. 유토피아 평화주의는 일본의 안전과 평화를 일본 헌법 전문의 "평화를 사랑하는 모든 국민의 공정과 신의"라는 이상에만 위탁하기 때문에 비난을 받는다. 마찬가지로 한반도의 반영구적 분단과 미일 안보 체제에 안전과 평화를 위임한다는 발상 또한 유통기한이 지난 시대착오적 리얼리즘이다.

적대에서 타협과 협력으로

20세기 '현존 사회주의'의 파탄은 '역사는 비약하지 않는다'라는 사실을 보여준다. 이런 의미에서 현상 유지를 대신할 새로운 질서는 현상 유지의 질서 바깥에서, 그러니까 갑자기 하늘에서 뚝 떨어지지 않는다. 새로운 질서는 오히려 현상 유지 내부에서 배태되었는데, 그것이 한반도에서 어떤 방식으로 진행되었는지를 이 책의 2장과 3장에서 밝혔다.

이 책에서는 일관되게 다음 사항을 밝히려 한다. 첫째, 현재 한반도를 둘러싼 위기는 냉전하에 형성된 한반도 분단 체제, 그 해체의 시작과 연농되어 있다. 둘째, 한반도와 일본을 포함한 동북아시아의 평화와 안정은 분단 체제를 대신할 새로운 질서 구축과 밀접하게 관련되어 있다. 셋째, 따라서 일본이 새로운 질서 구축에 주체적으로 참여할 수 있느냐에 일본의 미래가 달려 있다.

이 책의 4장에서 언급한 것처럼, 편협하고 배타적인 '애국심 경쟁'이 화근이 되어 한일 양국이 국력과 국민적 에너지를 소모하는 사태가 계속되고 있다. 이런 상황에서 제3자의 입장에 서서 '둘 다 마찬가지'라고 비판하는 태도는 한국과 일본 양쪽에서 강한 반발을 초래할 것이다. 하지만 상대국이 무엇을 바라고 무엇을 두려워하는지 고려하지 않는 외교 갈등만큼 심각한 문제는 없다. 이 명제를 현재의 한일 관계에 적용해보면 두 나라 모두 치명적 결함을 안고 있음이 분명해진다.

애국을 지상 과제로 삼는 '십자군 정신'에 휘둘린 채 '혐한'과 '반일'이 가진 정치적 효용에 기대면 기댈수록, 사활이 걸린 국익과 그렇지 않은 국익을 분별할 수 없게 된다. 그리고 결국에는 사활이 걸린 국익을 해치는 실수를 하게 될 것이다.

팬데믹 위기에 관해서 말하자면, 이미 한국과 일본은 n차 감염이 확산된 상황이다. 양국 모두에서 철저한 방역과 예방에 힘쓰는 것과 경제 활동의 정상화라는 두 난제 사이에서 균형을 잡는 일이 국익의 핵심 과제로 떠올랐다. 국익이라는 측면에서 보면, 한국과 일본뿐 아니라 중국까지 포함한 동북아시아의 3국은 입국 제한 등의 사항에 관해 협력해야 마땅하다. 따라서 사활을 다투는 쟁점이 아닌 경우, 먼저 나서서 타협하는 자세가 필요하다 하겠다. 일찍이 없었던 바이러스의 감염 확산을 수습하기 위해 상호 간의 협력이 필요하지 않겠는가.

더 이상 '혐한'과 '반일'에 갇혀 있을 여유가 없다. 서브프라임 금융 위기를 웃도는 불황이 깊어지고 경제가 파탄 직전에 몰린 지금, 비타협적인 국력 소모전에 에너지를 낭비해서는 안 된다. 세계적으로 보면 신종 코로나바이러스의 감염 확산은 '신황화론新黃禍論'(yellow peril. 아시아 인종 전체에 대한 공포를 뜻한다—옮긴이)이 되어 서구 전역에서 한국인, 일본인, 중국인 등 동북아시아 3개국 국민에 대한 편견과 차별로 되돌아왔다. 인종적 편견과 차별의 파도 앞에서 국경 안쪽에 갇힌 내셔널리즘의 편 가르기 게임이 얼마나 비극적이며 골계적인지는 너무나도 명백하다.

북한도 예외가 아니다. 정보 통제와 강권적 독재를 기본으로 하는 북한의 코로나바이러스 피해는 정확히 알려지지 않았다. 경제 제재로 피폐해진 북한이 한국과 일본, 중국 수준의 방역과 의료 체계를 갖추고 대응하기는 어려울 것이다. 만약 북한에서 감염이 확산된다면 한국, 일본, 중국이 강 건너 불구경할 수는 없다. 따라서 코로나바이러스로 인한 위기는 동북아시아 각국 사이의 장벽을 허물 기회이자 도화선이 될 수 있을 것이다.

그럼에도 한국과 일본 양국에서 배외적 애국주의가 들끓는 이유는 두 사회 모두 격차와 대립이 심화되어 일체감이 옅어지고 단절이 확대되었기 때문이 아닐까? 두 나라에서는 사회 통합의 위기를 초래한 모순을 외부로 전가하려는 경향이 갈수록 강해지고 있다. 이런 의미에서 3장에서 서술한 것처럼 한국 내부의 '남남갈등'이 극심해질수록, 그리고 일본 내부의 통치 기구에 대한 신뢰가 낮아질수록 고조된 위기감을 바깥으로 내보낼 배출구를 찾을 가능성도 커진다.

이 책에서 두 번째로 강조하고 싶었던 것은 한일 양국의 시민사회가 적대를 타협으로, 협력의 에너지로 바꾸어가는 작업에 나서야 한다는 점이다.

차갑게 식은 한일 관계

지금의 한일 관계는 '전후 최악'이라고 해야 할 정도로 얼어붙은 상태이다. 1998년 한일의 두 정상 김대중과 오부치 게이조小渕惠三가 「21세기 새로운 한일 파트너십 공동선언」(이하 「한일 파트너십 공동선언」)을 발표한 뒤 양국 관계의 키워드는 '미래 지향'이었다. 그런데 지금은 일본이 2019년 『외교청서外交青書』에서 '미래 지향'이라는 말을 삭제했을 정도로 깊은 골이 생겼다.

1965년 「대한민국과 일본국 간의 기본관계에 관한 조약」(이하 「한일 기본조약」) 체결 이후 지금까지 양국의 관계가 악화된 적이 종종 있기는 했지만, 현재는 그 어느 때보다 심각하다. 특히 2017년에 출범한 문재인 정부와 아베 신조安倍晋三 정권이 맞부딪치며 한일 관계를 크게 뒤흔드는 사건이 연달아 일어났다. 각각의 사건을 둘러싸고 보복을 부추긴 양국의 자세를 보고 있으면 미래를 지향하기는커녕 시계 바늘을 서로 상극이던 과거로 돌린 듯하다. 양쪽 모두 '이쪽에 붙을지 저쪽에 붙을지 분명히 하라'고 큰소리치며 편을 가르고 있다. 럭비에 비유하자면 '노 사이드no side'(시합 종료를 가리키는 용어이다. 공방이 끝난 순간부터 적과 아군의 구별이 사라지고 모두 친구가 된다는 뜻을 담고 있다—옮긴이)가 한일 양쪽에서 사라지고 있다.

조짐은 이전부터 있었다. 하지만 관계가 어긋난 결정적 계기는 역시 '강제징용 판결'일 것이다. 1965년 한일 국교 정상화로 양국 사이의 청구권은 "완전하고도 최종적으로 해결되었다"고 간주되었다. 그런데 2018년 한국 대법원이 강제징용 피해자에 대한 배상 명령을 잇달아 확정하고 일본 기업의 한국 내 자산 압류를 시도하자 일본은 큰 충격을 받았다. 일본 정부는 2019년 8월 한국을 수출 관리 화이트국(우대 조치 대상국)에서 제외하는 보복 조치를 했고 이에 반발한 한국 국민은 대규모의 불매운동으로 대응했다. 매해 일본을 찾던 수백만 명의 한국인 관광객 수도 격감했다. 한국 정부는 대항 조치로 일본을 화이트국에서 제외했을 뿐만 아니라, 「한일 군사정보포괄보호협정」(General Security of Military Information Agreement. 이하 '지소미아')의 연장을 보류했다. 또 "최종적 및 불가역적으로 해결된 것"으로 간주했던 2015년의 「한일 일본군위안부 합의」(이하 「위안부합의」)를 한국이 원점으로 되돌리는 등 일본군위안부 문제라는 불씨도 계속 남아 있다. 2018년 말에는 동해상에서 작전 중이던 한국 해군 구축함이 일본 노토반도(일본 혼슈섬 중앙에 있는 반도) 해상의 일본 해상자위대 초계기를 사격 통제 레이더로 겨냥한 일을 둘러싸고 서로 비난을 반복하기도 했다. 지금까지 협력을 유지해온 방위 분야에서도 알력이 생기고 독도를 둘러싼 영토 문제도 갈등의 씨앗으로 남아 있는 상황인데, 이 문제들을 해결할 출구는 보이지 않는다.

일련의 흐름에서 알 수 있는 한 가지는, 한국과 일본이 그럭저럭 분리시켜왔던 '경제', '안보', '역사'의 영역이 한데 뒤섞이며 전면 대립의 양상을 띠고 있다는 점이다. 양국의 정부는 '혐한'과 '반일'의 국민감정이 악화되는 것을 막지 못하고 있다. 일본에서는 "한국과 단교해야 한다", "한국을 쳐야 한다"와 같은 과격한 표현과 함께 메이지 시대의 정한론을 방불케 하는 주장까지 나오고 있다. 한편 한국에서는 생활용품에서 자동차에 이르기까지 일본산 제품에 대한 불매운동이 일어났고, 일본 여행도 반대하는 분위기가 형성되었다.

두 나라의 관계를 보는 세 가지 관점

왜 이러한 사태가 벌어졌을까? 많은 일본인이 '한국이 너무 무리한 요구를 하고 있다'고 생각하는 듯하다. 한편 다수의 한국인은 일본이 역사를 외면하고 반성하지 않는다고 생각한다. 양국의 관계를 '한쪽이 이기면 다른 쪽은 지는' 단순한 도식으로 보는 한 '자국 우선주의'라는 협소한 시야에 빠질 수밖에 없다.

애초에 어찌하여 한국과 일본 사이의 외교와 안보 전략에 골이 생기고, 또 그것이 두 나라 국민의 '감정 구조'에까지 영향을 미치는 것일까? 왜 상대에 관한 일이라면 그게 무엇이든 적대시하는 분위기가 된 것일까? 적대적 이분법은 사회 내부의 여러 세대와 계층이 갖고 있는 차이를 지워버린다. 예를 들어 일본의 경우 여러 여론조사와 분석을 통해 연령이 낮을수록 한국을 선호하는 반면 나이가 많을수록 한국에 대한 반감이 크다는 사실이 밝혀졌다. 여기에 성별에 따른 차이까지 고려하면, 중장년 남성이 혐한 감정에 선동되기 가장 쉽다고 한다. 그중에서도 사회적 지위와 학력이 높을수록 이런 현상이 현저하다(사와다 가쓰미, 정태섭 옮김,『한국과 일본은 왜?』, 책과함께, 2020을 참조하라).

한국의 경우는 어떨까? 일본과 비슷한 경향을 보이지 않을까? 양국의 여론과 상대국에 대한 인식을 사회학적으로 조사하고 분석하는 일은 중요하다. 하지만 국민의 의식과 이데올로기 수준에서 조사하는 데 그치지 않고, 그런 인식에 변화를 가져오는 요인이 무엇인지까지 보아야 한다. 그 변화를 보다 심층적 차원에서 살펴보면, 양국 관계의 균열은 한반도 분단 체제의 변화를 촉진시키는 구조적 요인에서 유래한다는 것을 알 수 있다. 다시 말해 '전후 최악의 한일 관계'는 한반도 분단 체제의 최종 단계를 시작하려는 시대 조류를 타고 온 현상이라고 설명할 수 있다.

현재 한일 양국의 관계만 보아서는 두 나라가 당면한 문제의 본질을 간과하기 쉽다. 어떤 문제를 무작위로 꺼내어 거론한다면 보다 근본적인 구조 변화를 놓치기 쉽다. 하지만 어떠한 변화도, 진전도 없어 보이는 동북아시아를 세계정세의 거시적 변화와 역사의 흐름 위에 올려놓으면 전혀 다른 풍경을 볼 수 있을 것이다.

구체적으로 현재의 한일 갈등을 독해하기 위해 여기서는 세 가지 기본 관점을 제시하고자 한다. 먼저 '분단 체제'라는 키워드이다. 되돌아보면 1905년 러일전쟁에서 승리한 일본이 당시 대한제국을 사실상 보호국으로 만들기 위해 「을사조약」을 체결한 이래로 한반도는 단일한 유닛unit(단위)이 되지 못했다. 2차 세계대전 후 냉전의 최전선이 되어 둘로 갈라진 남과 북은 공포에 의한 세력 균형balance of power을 겨우 유지해왔다. 하지만 2018년 대한민국 평창에서 개최된 동계올림픽을 계기로 남북 혹은 북미가 한반도의 오랜 '전후'를 끝내려고 발을 맞추기 시작했다. 이전까지의 전제였던 공포에 의한 세력 균형이라는 반영구적 분단 체제가 내부에서부터 해체될 기미를 보였으니, 비록 살얼음 위를 걷는 과도기이기는 하나 포스트 분단 체제로의 이행이 시작되었다고 보아야 할 것이다.

이 전환은 전후 일본이 당연한 전제로 삼아왔던 지정학적 조건이 크게 변했음을 의미한다. 일본이 지금처럼 분단 체제의 항구적 존속에 사활을 걸고 '현상 유지'를 국가 안보의 기본 전략으로 고수한다면, 분단 체제를 극복하려는 한국과 계속 부딪칠 수밖에 없다.

다음으로 유의할 점은 한일 양국의 국력 차이가 줄어들었다는 사실이다. 한국과 일본이 국교를 맺은 1965년에는 양국의 1인당 국내총생산이 약 9배 차이였다. 하지만 지금은 상황이 달라졌다. 특히 1990년대 후반에 아시아를 강타한 외환 위기 이후 한국 경제는 비약적으로 발전했다. 한국의 경제 규모가 러시아, 이탈리아와 거의 동등한 세계 10위 수준으로 성장하는 사이에 무역 상대국으로서 일본의 지위는 상대적으로 하락했다. 현재 한국과 일본은 수직 분업 무역 구조에서 벗어나 조선, 가전 등 제조업을 중심으로 경합하고 있다. 반도체와 전기전자 사업 등의 분야에서는 양국이 공급 사슬supply chain로 묶여 수평 분업과 상호 의존이 심화되고 있다. 그렇기 때문에 무역 보복 조치가 심각한 파장을 만든 것이다.

과거에 일본이 압도적 경제 우위를 점하고 있던 상황에서는 한국이 그 격차를 의식하지 않을 수 없었기 때문에 역사 문제보다 경제 발전이 더 중요했다. 하지만 양국의 국력 차가 줄어들면서 상황은 달라졌으며, 바로 이 지점이 세 번째 관점인 '내셔널 아이

덴티티'와 관련 있다. '나는 어느 나라의 국민인가'라는 질문이 주
어지면서 역사를 둘러싼 대립을 피할 수 없게 된 것이다.

내셔널 아이덴티티의 충돌

한국과 일본의 내셔널 이이텐티디 충돌을 따라가면 최종적으
로 양국에게 '근대란 무엇이었나?'라는 문제에 도달하게 된다. 역
사에는 긍정과 부정의 양면이 있다. 그런데 근대의 밝은 측면을
조명할 수 있는 쪽이 일본이라면 어두운 부분으로 눈을 돌릴 수밖
에 없는 쪽은 한국이다.

일본의 경우, 메이지 이후의 시간은 근대화를 달성하여 열강
과 어깨를 나란히 하는 위치로 올라간 빛나는 역사로 채워져 있
다. 하지만 반짝이는 일본의 근대는 팽창주의라는 그늘과 분리
할 수 없다. 그리고 그 그늘을 가장 먼저 짊어진 지역이 한반도였
다. 한국은 '한일 병합'으로부터 110년이 지난 오늘날까지 남북으
로 나뉘어 통일된 민족 정체성을 형성하지 못한 채 과거사를 놓고
일본과 긴장 상태를 이어가고 있다. 여기서 어려운 점은 두 나라
의 서로 다른 역사관이 내셔널 아이덴티티 문제와 직결된다는 사
실이다. 일본의 아이덴티티는 아시아 최초로 근대화를 달성한 성
공의 역사이다. 한국의 아이덴티티는 그 근원에 1919년 3·1독립
운동으로 대표되는 저항의 역사가 있으며, 1945년 8월 15일은 일

본의 식민 지배로부터 해방된 날이다(일본에서 이날은 패전 기념일이다—옮긴이). 근대라는 같은 시대를 놓고 한쪽에서는 빛을, 다른 쪽에서는 그늘을 강조하는 한 둘 사이의 시각차를 메울 수 없으며 내셔널 아이덴티티의 충돌 또한 피할 수 없다.

이와 같은 대립과 갈등은 전후 한반도에 관한 인식의 간극도 넓혀놓았다. 요시다 시게루吉田茂 전 총리의 말처럼, 과거 식민 지배를 하던 국가에서 일어난 민족상잔의 격렬한 내전은 패전 직후 경기 침체로 허덕이던 일본 경제를 부활시킬 천우신조였다. 다른 한편으로 한국전쟁 당시 미국 점령하에 있던 일본에 유엔군 후방 사령부가 설치되면서 오키나와를 포함한 일본 각지의 미군 기지에서 폭격기와 전투 부대가 출격했다. 일설에 따르면 여기에 2000명 이상의 일본인이 징용되었다고 한다. '전쟁 특수'는 이후 일본 경제가 고도성장하는 결정적 모멘텀momentum이 되었다. 반면 한반도는 폐허가 되었지만 "전쟁이 아무것도 해결해주지 못했다"(브루스 커밍스, 이교선 외 옮김, 『브루스 커밍스의 한국현대사』, 창비, 2001, 72쪽)는 점에서 비극이었다.

한반도의 오랜 20세기

한국전쟁은 냉전 시대에 미소 대립의 최전선이던 한반도에서 일어난 준세계대전이다. 애초에 한반도를 무대로 미국과 소련이 대립하게 된 까닭은 일본이 항복하기 직전에 소련이 한반도 북부로 진군했기 때문이다. 식민 지배에서 해방되자마자 한반도는 미국과 소련에 의해 남북으로 분할 점령되었다. 그리고 1948년 통일 국가를 향한 움직임이 결실을 맺지 못한 채 미국과 소련을 각각의 배후로 삼고 대한민국과 조선민주주의인민공화국이라는 두국가가 탄생했다. 1950년의 한국전쟁은 남북의 대립과 분단을 고착시켰다.

말할 필요도 없이 한국전쟁은 한반도의 엄청난 불행 이외에는 아무것도 아니다. 1950년 6월 25일 전쟁 발발로부터 1953년 7월 27일 휴전협정이 조인될 때까지 수백만 명의 한국인이 사망했다. 같은 민족을 불구대천의 적으로 여겨 죽고 죽이는 끔찍한 사태가 3년이나 이어지며 국토가 황폐해졌다. 그뿐 아니다. 한국전쟁은 남북에 존재하던 다양한 정치 세력이 말살되고 두 나라에 강력한 독재 체제가 성립되는 과정과 겹친다. 남한의 이승만 정권은 내전을 거치며 강렬한 반공주의의 기치를 내건 한국 내 우파·보수파의 지지를 흡수해 권력을 강화했다. 1961년 5월 16일에는 군사 쿠데타가 벌어졌고 이후 30여 년간 군사 독재가 이어졌다. 북한에서는 김일성이 다른 정치 세력을 제거하고 독재 체제를 구축했다. 이후 한국은 쿠데타와 군사 독재, 극심한 탄압을 극복하고 민주화를 달성했다. 그리고 놀라운 개발과 경제 성장을 경험했다.

이렇게 보면 한반도 안에 '20세기'의 주제가 응축되어 있음을 알 수 있다. 한반도의 20세기 중 앞의 절반은 제국주의와 식민 지배의 역사였다. 남은 절반은 냉전이라는 세계정세가 촉발한 분단과 내전에 의한 살육, 그로 인한 민족 이동의 시대였다. 분단 체제가 이어지는 한 한반도의 가혹한 20세기는 끝나지 않을 것이다.

하지만 1950년 한국전쟁 발발 이후 70년이 지난 지금, 한반도의 '오랜 20세기'도 끝나려 하고 있다. 변화는 어떤 과정을 통해 이루어질까? 구체적으로 한반도의 비핵화, 북한의 핵 포기를 이루기 위해서 남북과 북미는 무슨 일을 해나갈 것인가? 한반도의 이웃 국가인 일본과 중국, 러시아는 그것에 어떻게 관여할 것인가? 또 남북의 평화 공존과 통일에 대한 전망은 어떠하며, 남북의 과도적 국가 형태는 무엇이고, 더 나아가 분단 체제가 해체되는 상황에서 일본은 어떤 역할을 하게 될 것인가?

나는 이 문제들을 해결할 실마리를 찾아보려 한다.

이 책의 구성

나는 이 책의 제목이기도 한 '한반도와 일본의 미래'를 내다보기 위해서 동북아시아의 역사에 발을 딛고 다음과 같은 구성으로 고찰을 심화하려 했다.

이어질 2장에서는 김일성이 사망한 1994년을 기점으로 냉전이 끝난 세계에서 북한이 어떻게 붕괴의 압력을 버텨냈는지 살펴보겠다. 남북 화합과 평화 공존을 모색하며 비로소 통일에 도달하게 될 도정에서 북한의 핵 포기는 필수이다. 그와 같은 가능성을 확인하기 위해서는 먼저 북한이 체제 붕괴의 위험을 감수한 채 핵 개발을 추진해온 경위를 재검토해야 한다.

3장에서는 최근 30년간의 남북 화합 움직임을 되돌아보고, 때로 정체되거나 혹은 퇴보하는 시기를 겪으면서도 양국이 화합을 위해 착실히 걸어왔음을 확인하겠다. 한발 앞서 나가는 듯 위태로워 보일 때도 있는 문재인 정부의 대북 정책도 3장에서 시술할 30년의 연장선에 있다고 말할 수 있다.

4장에서는 지금 한일 양국이 전후 최악의 관계에 다다르게 된 경과를 확인하겠다. 1965년 「한일 기본조약」을 체결할 때 '잘못 끼운 첫 단추'로 인해 그간의 노력에도 불구하고 양국의 관계가 악화된 경위를 살펴보고, 일본에서는 잘 들리지 않는 한국의 입장을 설명하는 것이 4장의 목적이다.

5장에서는 '코리안 엔드게임'(한반도의 분단 체제가 끝나가고 있다는 인식을 담은 용어이다)이라는 관점을 바탕으로 휴전 상태를 종전 상태로 바꾸려고 하는 최근의 시도를 따라갔다. 문재인과 김정은 이라는 남북의 리더와 함께 이 문제를 풀 열쇠를 쥐고 있는 인물은 도널드 트럼프 미국 대통령이다. 2020년 11월에 열릴 미국 대통령 선거는 한반도를 새로운 단계로 향하게 할 '코리안 엔드게임'의 향방을 좌우할 것이다. 이 경우 대통령 선거의 결정적 단계에서 북한이 국면 전환을 위해 중대한 '도발'을 할 가능성도 없지 않다. 그때까지는 현재의 소강상태가 이어지지 않을까? 5장에서는 남한과 북한, 북한과 미국의 관계를 중심에 놓고 일본이 엔드 게임에 참여하기 위해서는 무엇이 필요한지 실마리를 제시하려 한다.

마지막 장에서는 한국과 일본, 그리고 북한이 산적한 난제를 어떻게 해결하고 한반도와 일본의 미래를 희망으로 채워나갈지 거칠게나마 그려보려 한다.

역사적·지정학적으로 21세기 동북아시아의 미래를 전망할 때, 일본이 해야 할 역할은 막중하다. 한반도의 평화와 안녕은 곧 일본의 평화와 안녕과 이어진다. 한반도가 혼란과 긴장, 그리고 전화에 휩싸인다면 일본의 평화와 안전 또한 위기에 봉착할 것이다.

"새 포도주를 낡은 가죽 부대에 담으면 부대가 터져 포도주가 쏟아지고 부대도 버리게 됨이라." 마태복음 9장 17절의 비유처럼 현상 유지는 새 포도주를 낡은 가죽 부대에 담으면서 포도주가 결코 쏟아지지 않을 것이라고 믿는 망상과 같다. 현재 한반도는 포도주가 쏟아지는 낡은 가죽 부대이다. 또한 파탄과 전쟁의 위기를 피하기 위해 '새 포도주'를 담을 '새 가죽 부대'를 찾는 과도기라 할 수 있다. 포도주를 쏟지 않을 새 가죽 부대를 함께 만들어가는 과정이 바로 한반도와 일본의 미래이다.

한반도 분단 체제가 종언을 향해 나아가기 시작한 지금, 그러한 움직임은 전후 일본에 어떤 질문을 던지고 있으며 이후 동북아시아 지역의 질서는 어떻게 변화할 것인가? 나는 한반도와 일본이 갈등을 넘어 평화와 번영 안에서 공존하는 미래를 그려보고 싶다.

이 책의 원고 수정을 끝내기 직전에 미국 CNN이 북한의 최고 지도자 김정은 위원장이 위중하다고 보도했다(2020년 4월 21일). 미래에 어떤 일이 벌어지더라도 이 책에서 펼쳐 보일 한반도와 일본의 미래로 향하는 길은 퇴색하지 않을 것이다.

북한은

왜

붕괴하지

않았을까?

북한의 한반도 비핵화 요구

한반도는 여전히 분단 상태로 '끝나지 않은 20세기'에 머물러 있다. 새 시대로 나아가지 못한 까닭 가운데 하나는 북한 핵 문제이다. 북한의 핵 개발 중지와 핵 폐기를 요구하는 교섭이 시작된지 어느덧 30여 년이 지났다. 현재 북한은 20개 이상의 핵탄두를 보유한 것으로 추정되며 대륙간탄도미사일ICBM 발사 실험에 성공한 사실상의 핵보유국이 되었다.

세계는 지난 4반세기 동안 인구 2500만 명의 작은 나라, 동아시아의 최빈국 북한에 제재와 위협을 가하거나 양보와 협조를 구하면서 핵 문제를 해결하기 위해 노력했다. 그럼에도 비핵화로의 구체적인 진전은 이루어지지 않았다. 오히려 북한 핵 개발의 고도화와 대규모화에 박차를 가한 꼴이 되었다. 어째서일까? 경제력과 군사력 모두 압도적인 초강대국 미국이 정상회담에 거듭 나서고, 북미 양국이 직접 교섭을 진행하고 있음에도 비핵화를 향해 나아가지 못한 이유는 무엇인가? 이것은 모두가 궁금해하는 질문이리라.

지난 30년간 북한 핵 문제는 진전하다가도 하릴없이 후퇴하고, 후퇴하는 줄 알았는데 위기의 정점에서 갑자기 물꼬가 트이기도 하고, 그러다 다시 원점으로 되돌아오기를 반복했다. 어쩌면 우리는 그동안 '위기에 익숙'해져서 북한의 행동에 "또 이러네"라고 반응할 정도로 무뎌졌는지도 모른다. 그러는 사이에 '북한은 거짓말쟁이이며 무슨 짓을 할지 모른다'라는 고정관념이 생겼다.

북한의 외교는 불신과 배신으로 점철된 듯 보이지만, 비핵화에 한없이 가까워졌던 국면이 없던 것도 아니다. 그렇다면 왜 실현되지 않은 것일까? 비핵화 교섭이 아직도 교착 상태를 벗어나지 못한 까닭을 이해하기 위해서는 먼저 북한이 핵 개발에 매달리는 이유를 알아야 한다. 이 말은 결코 북한의 편에 서겠다는 뜻이 아니다. "너의 적을 알라." 적을 알지 못하면 적확한 정책과 전략을 세울 수 없다.

이제는 상상하기조차 어려울 테지만, 1980년대 중반까지는 오히려 북한이 한반도의 비핵·평화 지대 구상을 주장했다. 1986년 북한 정부는 한반도의 비핵·평화 지대 창설에 관한 성명을 발표했다. 여기에서 북한은 핵무기를 실험·생산·저장·반입하지 않을 것이며 외국에 핵 기지를 포함한 그 어떤 군사 기지의 설치도 허용하지 않고, 또 외국의 핵무기가 자국의 영토·영공·영해를 통과하는 것을 허락하지 않겠다고 선언했다. 이어서 미군은 핵무기의 한국 반입을 중지하고 이미 반입된 모든 병기를 단계적으로 감축하고 완전히 철수하라고 주장했다. 동시에 북한과 미국, 한국 3국이 비핵·평화 지대 창설에 관한 교섭을 해야 한다면 언제든지 응하겠다는 태도를 보였다. 북한의 성명은 그들의 주특기라고 할 수 있는 외교적 책략maneuver의 일환이었을 것이다. 그렇다고 해도 북한이 한국에 반입된 핵무기에 강한 우려를 표명한 것은 틀림없다.

한편 1970년대 중반 박정희 정권하의 한국 정부가 핵무기 개발을 검토한 일이나, 북한에 대한 핵 공격 훈련으로 간주되는 팀스피릿(한미합동군사훈련)을 실시하는 모습을 보며 북한은 상당한 압박을 느꼈을 것이다. 이는 한국전쟁 시기에 더글러스 맥아더Douglas MacArthur 사령관이 해리 트루먼Harry Truman 대통령에게 핵무기 사용을 건의했던 사실을 상기시키며 '위협받는 쪽은 우리'라는 공포를 고조시켰다.

냉전 종식 후 한국이 소련 및 중국과 국교를 정상화하자 남북의 세력 균형이 무너졌다. 이로써 북한은 한층 더 '봉쇄당했다'라는 의식에 사로잡혔다. 북한이 자초한 상황이었다고 해도 그들이 공포에 질려 있었다는 사실은 반드시 짚고 넘어가야 한다.

북한의 공작에도 불구하고 미국은 일관되게 한국 내 핵무기의 존재와 관련하여 NCND(neither confirm nor deny, 부정도 긍정도 하지 않는) 자세로 대응했다. 냉전이라는 관점에서 보면 동서 대립의 최전선인 한반도의 비핵화는 '그림의 떡'일 뿐이었다.

1994년: 위기의 시작, 파멸의 갈림길

북한이 돌연 방침을 바꿔 핵 개발에 착수한 것은 냉전 종식의 움직임과 겹쳐진다. 이것이 핵 위기라 불리는 일련의 사태를 초래했다. 냉전 종식과 함께 소련과 동구 사회주의 국가가 붕괴하는 가운데 북한은 안전보장과 경제 재건이라는 두 측면에서 궁지에 몰렸다. 가장 큰 계기는 한국에서 1987년 민주화로 대통령 직선제가 실시되고 그 결과로 대통령이 된 노태우가 펼친 적극적인 외교였다. 한국은 북한의 뒷배인 소련은 물론 중국과도 국교를 체결했다. 이로써 북한이 소련의 핵우산 아래에서 누리던 안전보장은 더 이상 성립하지 않게 되었을 뿐만 아니라 소련의 원조에 기대고 있던 경제 또한 괴멸 상태에 빠졌다. 설상가상으로 동구의 공산당 정권이 차례로 무너지면서 북한의 고립은 한층 더 깊어졌다. 민주화와 경제 발전을 성취하고 1988년 올림픽을 성공적으로 개최한 한국과 고립된 북한의 국력 차이는 날이 갈수록 커졌다.

1991년 남북한이 유엔에 동시 가입하면서 한반도에서도 탈냉전이 진행되는 듯했다. 하지만 체제의 위기에 봉착한 북한은 그 돌파구로 핵 개발을 시도했다. 베를린 장벽이 붕괴한 1989년, 프랑스의 위성이 북한의 영변에서 핵 시설로 추정되는 건물을 발견하자 국제 사회가 동요했다. 이후 북한은 국제 사회를 상대로 핵이라는 카드를 사용하며 강경한 자세를 고수하는 '벼랑 끝 전술'을 펼쳤다.

지금부터는 북한 핵 위기의 기점인 1994년에 이르기까지의 역사를 확인할 것이다. 1994년 1차 핵 위기는 북한의 핵무기 개발 의혹을 둘러싸고 북미가 전면전 직전까지 갔던 일촉즉발의 상황이다. 1991년 국제원자력기구IAEA 이사회는 북한에게 핵 사찰 협정에 조인하고 사찰을 받으라고 요구했다. 북한은 "주한미군의 핵무기를 철수시키지 않는 한 사찰에 동의할 수 없다"라며 반발했다. 이를 받아들인 미국은 한국에 배치했던 핵미사일의 철수 계획을 발표했다. 그해 11월 8일 노태우 대통령은 주한미군의 핵무기가 한국에서 완전히 철수되었음을 알리며 「한반도 비핵화와 평화 구축을 위한 선언」을 발표했다. 앞으로 한국은 핵연료의 재처리 시설과 농축 시설을 보유하지 않겠다고 천명한 것이다. 이어서 12월 13일 남북한은 「남북 사이의 화해와 불가침 및 교류·협력에 관한 합의서」(이하 「남북 기본합의서」)에 서명했다.

일련의 상황에 따르면 남북, 북미 갈등이 해결되어가는 듯 보였다. 1992년 1월 북한은 IAEA가 요구하는 안전 조치 협정에 서명했고, 2월 19일에는 「한반도의 비핵화에 관한 공동선언」(이하 「비핵화공동선언」. 주요 내용은 다음과 같다. 남과 북은 핵무기를 시험·제조·생산·접수·보유·저장·배비·사용하지 않는다. 남과 북은 핵 재처리 시설과 우라늄 농축 시설을 보유하지 않는다—옮긴이)이 발효되었다. 5월에는

IAEA가 북한 핵 시설에 대한 사찰을 시작하기로 했다. 「비핵화공동선언」은 말하자면 남북이 핵무기 실험·제조·생산을 하지 않기로 한 약속을 지키며 반입·비축·저장·배비·사용 또한 하지 않겠다는 선언이다. 이는 보유·생산·반입을 금지한 일본의 '비핵 3원칙'보다 훨씬 엄격한 것이다. 북한의 비핵화뿐 아니라 미국도 한반도에 핵을 반입하거나 비축할 수 없게 한 내용으로, 한반도에서 핵에너지는 오직 평화적 목적으로만 사용하도록 약속했다. 이 획기적인 선언을 어떻게 실현해갈지가 과제로 남았다.

그런데 북한은 군사 시설에 대한 사찰을 거부하더니 결국 1993년 3월 12일에 핵확산금지조약NPT에서 탈퇴하겠다고 선언했다. 노태우에 이어 대통령이 된 김영삼이 남북 대화의 조건으로 IAEA의 북한 특별 사찰을 주장하며 강경한 자세를 취하자 남북 관계가 급속히 냉각되었다. 한국이 한동안 중지했던 팀스피릿 훈련을 재개하자, 이에 자극받은 북한은 미사일 발사 실험을 강행했다.

긴장이 고조되는 가운데 북미 양국의 아슬아슬한 줄타기가 이어졌다. 북한이 NPT 탈퇴를 선언한 까닭은 미국을 협상장으로 끌어내기 위해서였다. 북한에게 핵은 억지력인 동시에 미국에 대한 최대한의 레버리지leverage(협상 지렛대)였다. 당시 북한의 목적은 달성되었고, 그 결과 같은 해 6월 「북미 공동성명」을 발표했다. "핵무기를 포함한 무력을 사용하지 않으며 이러한 무력으로 위협도 하지 않는다." "전면적 담보 적용의 공정성 보장을 포함하여 한반도의 비핵화, 평화와 안전을 보장하며 상대방의 자주권을 존중하고 내정에 간섭하지 않는다.""한반도의 평화적 통일을 지지한다." 이상을 원칙으로 삼고 북미 대화를 지속할 것을 약속한 이 성명은 북미, 남북 관계를 획기적으로 개선할 기회였다. 북한이 NPT 탈퇴를 보류하고 핵 문제의 평화적 해결에 합의하자 미국과의 화해도 진전되는 듯 보였다.

하지만 IAEA와 북한 사이의 골은 쉽게 메워지지 않았다. 1994년 3월 IAEA는 "북한의 핵 물질이 핵무기에 전용되지 않았다는 점이 검증되지 않았다"라고 발표한 뒤 사찰단을 철수시키고 북핵 문제를 유엔 안전보장이사회에 위탁하기로 했다. 북한은 IAEA와 교섭을 벌였지만 합의에 닿지 못했고, 결국 6월에 IAEA에서 탈퇴하겠다고 선언했다. 그리고 유엔 안전보장이사회의 제재는 '선전 포고'라고 반발하며 국제 사회를 적으로 돌렸다. 갈등이 최고조에 올랐을 때 지미 카터Jimmy Carter 전 미국 대통령이 평양을 방문하여 김일성 주석을 만났다. 카터의 방북은 미국이 북한을 향해 무력을 행사하기 불과 몇 시간 전에 일어난 일로, 이를 계기로 전면 충돌을 겨우 피할 수 있었다고 한다. 당시 미국은 영변 핵 시설을 폭격하는 상세한 시뮬레이션을 준비했다. 미군의 최신 무기를 동원해 정밀 조준 폭격한다고 해도 북한의 반격으로 인해 미국인 약 10만 명을 포함한 100만 명 이상의 사망자가 발생하고, 전쟁 당사국과 그 주변국의 피해액은 1조 달러 이상일 것으로 예측되었다. 카터의 방북은 최악의 전쟁을 막았고, 북한은 NPT에 머무르게 되었으며, 다시 한 번 비핵화를 향한 시도가 시작되었다.

「제네바합의」와 갑작스러운 죽음

1994년 10월 북한과 미국 정부의 대표는 스위스 제네바에서 만나 한반도 핵 문제에 관하여 교섭했다. 그 성과물인 「미국과 조선민주주의인민공화국 간의 제네바합의」(이하 「제네바합의」)는 주한미군 철수 등에 이르는 상세한 사항까지는 정하지 못했지만, 이제까지의 교섭에서 나온 여러 원칙들에 의거하여 양국이 적대 관계를 청산하고 한반도의 화합을 위해 협력한다는 방향성을 제시했다. 이 합의에서 북한이 핵무기 개발에 쓸 수 있는 "흑연감속 원자로와 관련 시설을 경수로로 전환하는 데 협력"하겠다는 문구가 최초로 나왔다(흑연감속 원자로는 핵무기의 재료가 되는 플루토늄을 경수로보다 많이 생산할 수 있다. 따라서 일반적으로 흑연로는 핵 확산 유발형, 경수로는 핵 확산 방지형으로 구분한다—옮긴이). 이를 실시하기 위해서 다음 해에 설립될 한반도에너지개발기구KEDO가 북한에 경수로와 대체 에너지를 공여하는 사업을 부담하기로 했다. 이는 미국과 한국, 그리고 일본이 이사국이 되어 기구를 만들면 나중에 유럽연합도 가맹하기로 한 국제 사업이다. 구체적으로 2003년까지 경수형 원자로 2기를 건설하고 대체 에너지로 연간 50만 톤의 중유를 북한에 제공하기로 했다. 46억 달러가 넘는 총사업비 중 32억 2000만 달러를 한국이, 10억 달러는 일본이 부담하고 나머지는 미국이 조달하게 된다.

「제네바합의」의 또 다른 기둥은 "양국은 정치적·경제적 관계의 완전한 정상화를 향해 행동한다"라는 조항이다. 향후 북미 대화를 진전시키기 위한 절차로서 "통신 서비스와 금융 거래의 제한을 포함하여 무역과 투자의 장벽을 경감"하며 "각국의 수도에 연락사무소를 개설"하고 "양국의 관심 사항이 진전될 경우, 미국과 북한은 관계를 대사급으로 격상"시키기로 했다.

이 합의는 1992년의 「비핵화공동선언」을 계승한다. 미국은 북한을 위협하지 않고 북한은 핵 실험과 미사일 발사를 중지하여, 장래에 한반도를 휴전 상태에서 평화 상태로 바꾼다는 방향성이 정해졌다. 북한은 경제 제재의 해제는 물론 최종적으로는 북미 국교 정상화에 도달할 수 있으리라 기대했다. 만약 미국이 합의에 기초하여 북한과 마주 앉고 북한이 핵을 포기할 때까지 적극적으로 설득했다면 한국전쟁 종전 및 평화협정 체결로 가는 길이 열렸을 것이다.

하지만 핵 문제 해결과 한반도의 평화 체제는 모두의 기대처럼 되지 않았다. 「제네바합의」의 체결을 불과 몇 달 앞둔 1994년 7월, '북한 건국의 아버지' 김일성이 급사하면서 정세를 예측할 수 없게 되었다.

북한은 '절대악'의 화신인가

김일성의 사망이 「제네바합의」의 실행에 그늘을 드리운 까닭을 보기 전에, 애초에 북한이 어떤 국가인지를 다시 한 번 짚어보자. 일본에서 북한은 마치 '절대악'의 화신인 양 아주 특이한 국가로 간주된다. 독재, 숙청, 지도자에 대한 절대적 복종, 국민 총동원의 익찬翼贊(천황을 돕는다는 뜻으로 대정익찬회 등 파시즘적인 흐름과 함께 1940~45년 사이에 많이 사용되었다―옮긴이) 체제 등 북한에 대한 공포와 혐오를 선동할 재료가 부지기수이다. 냉전 시대의 소련을 비롯한 동구권 공산국가와 비교해본다면 북한만 그랬던 것은 아니라는 점을 알 수 있다. 하지만 역시 냉전 시대에 분단되어 소련의 지원을 받은 구동독과 비교할 때 북한의 체제는 자못 흥미롭다. 구동독의 호네커Erich Honecker 서기장은 김일성의 둘도 없는 친구였으며 당시 두 나라의 사이는 몹시 가까웠다. 비밀경찰 슈타지Stasi로 전 국민을 감시하여 소설 『1984』 속 세계를 현실에 세운 구동독 또한 서방의 기준으로 보면 독특한 국가였다고 할 수 있다. 그런데 한 명은 3대에 걸친 '김씨 왕조'의 선조가 되었고, 다른 한 명은 냉전 말기에 실각하여 체제 붕괴와 함께 국외로 추방당했다. 두 사람의 끝이 달랐던 이유는 무엇일까? 북한은 냉전뿐 아니라 열전을 벌이며 엄청난 희생을 치렀다는 점이 중요하다. 국내외의 온갖 역경을 버텨낸 북한의 군셈은 아마도 열전의 경험에서 왔을 것이다. 동독은 소련의 위성국가로서, 말하자면 '외부 이식형 국가'였다. 그에 반해 북한은 소련의 지원으로 수립된 공산 국가이긴 하지만 소련의 괴뢰국가는 아니었다.

북한이라는 국가를 설명하는 말 가운데 '유격대국가'(와다 하루키, 서동만·남기정 옮김,『북조선: 유격대국가에서 정규군국가로』, 돌베개, 2002를 참조하라)가 있다. 만주에서 항일 유격 전쟁의 전사로 활약했다는 김일성의 청년기는 북한의 건국 신화가 되었다. 빨치산의 행동 원리를 국가의 핵심 이념으로 삼은 북한은 나라가 위기에 처할 때마다 "항일 유격대처럼 싸우자"고 국민에게 호소했고, 전 국민에게 "우리 유격대원들의 유일한 사령관인 수령을 따르라"라고 요구했다. 북한이 한국전쟁을 거쳐 항시 전쟁을 준비하는 병영국가로 변모한 것도 어쩌면 자연스러운 일이다. 김일성 사후 1990년대 중반의 경제 붕괴와 식량 위기를 겪으며 북한은 최고사령관 김정일과 군대가 국가와 당을 관리·대행하는 '선군정치' 이념을 만들어냈다. 와다 하루키의 말처럼 김정일 시대의 북한은 '정규군국가'라고 설명할 수 있을 것이다.

　북한을 설명하는 또 다른 키워드로 '성가족聖家族'(원래는 유소년기의 예수와 성모 마리아, 그리고 아버지 요셉을 가리키는 용어이다. 여기에서는 김일성의 혈통을 특별한 것으로 간주한다는 뜻으로 사용했다)을 들 수 있다. '영원한 주석'이자 '위대한 수령'으로 숭상되는 김일성의 본명은 김성주이다. 그는 조선이 일제의 식민 지배를 받던 1912년 평양 교외의 대동군 남리에서 태어났다. 당시 평양은 아시아 기독교의 중심지였다. 김일성의 어머니 강반석은 독실한 기독교인이었으며 외할아버지는 기독교 장로회의 목사였다고 한다. 김일성의 아버지 김형식은 기독교인 중심의 민족주의 단체 '조선국민회의'의 결성에 참여했다가 일제에 체포되었고, 출옥한 뒤 만주로 갔다. 1917년 가족과 함께 만주로 이주한 김일성은 아버지의 명에 따라 10대 전반의 2년을 할아버지의 교회 학교에서 공부했다. 그는 이 시절에 세례를 받았을 가능성이 크다. 설사 세례를 받지 않았더라도 기독교 문화에 익숙한 집안에서 성장하며 기독교에 깊은 소양을 갖추게 되었음은 거의 확실하다. 최초로 김일성의 동상이 북한 인민에게 공개된 날은 기묘하게도 크리스마스였다.

그런데 초기 북한의 수많은 정치 세력 가운데 김일성이 유일한 숭배 대상이 된 것은 한국전쟁 휴전 후 경쟁 세력을 철저히 숙청한 이후이다. 이 과정을 거치며 김일성은 '위대한 지도자'로 신격화되었다. 그리고 북한의 권력이 그의 아들 김정일과 손자 김정은에게로 이어지며 3대에 걸친 성가족의 이미지가 형성되었다.

김일성은 북한의 국가 이데올로기로서 유일사상 체계인 '주체사상'을 내걸었다. 주체사상은 주로 '자력갱생'을 설득하는 것으로서 마르크스레닌주의라는 일반 원칙을 받아들이면서도 '사상에서의 자주, 경제에서의 자립, 국방에서의 자위'를 강조한다. 이 것은 외국(구체적으로는 주로 소련과 중국)에 의존하지 않고 북한 인민의 자력으로 국가를 건설한다는 명분 아래 한국전쟁 후 사회 기반이 파괴된 북한의 부흥을 지탱하는 국가 이데올로기가 되었다. 또한 이것은 김일성의 유일 지도 체제를 확립하는 역할을 했다. 그런데 주체사상의 본질은 북한의 독자적 사상이라기보다는 유교와 기독교 원리주의, 마르크스레닌주의를 한데 섞은 아말감 amalgam 같은 것이라 하겠다.

하지만 북한을 성가족이 군림하는 경직된 체제나 조금도 변하지 않는 독재 국가로 설명하는 것은 본질의 한 면만을 비출 뿐이다. 북한은 그들을 둘러싼 상황에 대응하여 유연하게, 그리고 실로 굳세게 몇 번이나 변화했기 때문이다. 북한의 동적인 측면을 보지 않는다면 이제껏 북한이 붕괴하지 않은 까닭을 이해하기 어렵다.

'북한 조기 붕괴' 시나리오

1994년 1차 핵 위기 때 김일성은 80대였다. 하지만 그의 카리스마는 사그라들지 않았다. 체제의 위기를 강하게 느낀 그는 카터의 방북이라는 천재일우를 놓치지 않았다. 남북 관계 개선에도 의욕을 보였으며 최초의 남북 정상회담도 서둘러 추진했다. 하지만 그는 평양에서 김영삼 대통령을 만나기 직전에 심장 발작으로 급사했다. '건국의 아버지'이자 약 반세기 동안 절대군주로 군림한 김일성의 죽음으로 인해 북한의 미래는 갈피를 잡을 수 없게 되었다.

당시의 미국 언론은 '머리 없는 괴수(Beast without Head) 어디로 갈 것인가?'라는 선정적인 헤드라인 아래에 포스트 김일성 시대에 북한은 국가로서 존속이 위태로워질 것이라고 예상했다(기사 제목의 Head에는 수령이라는 뜻도 있다. 따라서 지도자를 잃은 나라의 미래를 걱정하는 표현으로 해석할 수도 있다). 권력을 물려받은 김일성의 장남 김정일은 심각한 알코올 의존과 그로 인한 건강 문제를 갖고 있었으며, 엄청난 호색가에 광기 어린 인물로 묘사되었다. 사람들은 김정일의 북한이 앞으로 문제를 일으킬지도 모른다고 걱정했다. 이 시점까지도 김정일이 어떤 인물인지는 철저히 베일에 싸여 있었다. 조선인민군 최고사령관이던 김정일의 권력 기반이 얼마나 튼튼한지도 알려지지 않은 채 억측만 무성했다.

그 가운데 하나가 '카리스마적 최고지도자 김일성을 잃은 북한은 1년 안에 내부에서부터 붕괴할 것이다'였나. 김영삼 성권은 이 억측을 기반으로 관계 개선의 흐름을 끊어버렸다. 경제적으로나 군사적으로도 한국이 우세했기에 한반도가 독일형 흡수 통일로 향할 가능성이 커졌다고 판단했다. 그리고 북한과 미국, 혹은 북한과 일본의 교섭을 비판적으로 보기 시작했다.

북한의 붕괴를 예상한 것은 미국도 마찬가지다. 김일성의 삼년상을 치르는 가운데 김정일은 「제네바합의」를 완성하기를 원했지만 미국의 빌 클린턴Bill Clinton은 '북한은 틀림없이 붕괴한다', '지금 북한과 합의를 하더라도 이행되지 않을 것이다'라고 낙관하며 진정성 있는 교섭을 하지 않았다. 자유주의적 클린턴 정권은 인권을 억압하는 독재 국가 북한을 동등한 협상 파트너로 대우하고 싶지 않았는지도 모른다. 어쨌든 미국 언론은 「제네바합의」를 보도하며 미국이 북한에게 양보를 해서 위험한 독재 국가를 연명시켰다고 비판했다. 거기에 더하여 「제네바합의」 체결(1994년 10월 21일) 직후에 미국 의회 선거가 열렸는데 공화당이 상하 양원에서 과반수 의석을 확보했다. 공화당이 장악한 미국 의회는 북한과의 조약 승인을 거부했고, 결국 두 나라의 협상은 '조약'이 아니라 '합의'라는 형태로 격하되었다.

북한은 기대했던 테러 지원국 지정 해제를 실현하지 못했으며, 경제를 다시 일으킬 기회도 얻지 못했다. 이후 북한의 태도가 경직되었다. 미국은 「대적성국교역법」과 테러 지원국에 대한 제재 규정, 공산 국가에 대한 제재 규정 등의 장애물에 걸려 「제네바합의」 2조 1항의 "3개월 이내에 통신 서비스 및 금융 거래 제한 완화"하는 조치에 실패했다. 북한은 이것을 미국의 불이행으로 간주하고 합의의 실효성을 의심했다.

잃어버린 기회

북한의 조기 붕괴설을 뒷받침할 근거는 없었다. '소련이 무너진 뒤 호네거의 동독도, 차우셰스쿠Nicolae Ceauşescu의 루마니아도 붕괴했으니 북한도 오래가지 못할 것이다', '세습제 독재 국가가 변화를 버텨낼 리 없다' 등의 예상은 서구의 희망사항이었다.

돌이켜 보면 김일성 사망 후 몇 년 동안이야말로 한반도 비핵화와 북미 국교 정상화를 실현할 수 있는 절호의 기회였다. 국가 붕괴의 위기를 맞은 북한은 궁지에서 벗어나기 위하여 미국과 일본을 포함한 주변국과 관계 개선을 모색하지 않을 수 없었기 때문이다. 당시 북한의 경제는 절벽 끝에 서 있었다. 분단 이후 한동안은 북한이 한국보다 경제적으로 우세했지만 중화학공업과 군사 분야에 편중된 원조 경제는 이내 한계에 다다랐다. 1970년대 석유 파동으로 직격탄을 맞은 북한 경제는 외국의 채무를 이행할 수 없는 상황에 빠졌다. 1979년에는 유엔 개발프로그램에 원조를 신청할 정도로 사정이 나빠졌다. 북한을 지원하던 소련과 동구 사회주의 국가가 붕괴하자, 북한 경제는 더욱 곤궁해졌다. 1995년부터 1997년까지 북한 인민은 '고난의 행군'이라 불리는 심각한 기아에 맞닥뜨렸다. 일설에 의하면 150만 명 이상이 목숨을 잃었고, 굶주림을 견디지 못한 인민의 탈북 행렬이 끊이지 않았다고 한다.

1995년 여름에는 전대미문의 대홍수가 북한을 휩쓸고 갔다. 이때 북한은 건국 이래 처음으로 유엔에 긴급 원조를 요청했다. 5억 달러에 가까운 구제 기금과 연료, 의료 지원을 청한 것이다. 이에 앞서 북한은 한국과 일본에 긴급 식량 원조를 청했고 일본은 30만 톤(뒤에 20만 톤을 추가했다), 한국은 15만 톤의 쌀을 제공했다. 미국도 인도적 지원이라는 명목으로 식량을 보냈다.

독립적 행보를 견지해온 북한이 국제 사회에 도움을 요청한 것은 이례적이다. 스스로 파탄을 고백한 것이나 다름없었다. 북한은 국가로서 살아남기 위한 확실한 약속을 얻으려 안간힘을 썼지만, 미국은 심각한 위기에 빠진 북한을 보며 붕괴 시나리오를 짜고 있었다. 당시 북한의 바람과 미국의 태도는 완전히 어긋났다.

북한은 핵 개발의 중지 및 폐기를 합의해놓고 지키지 않는 '거짓말쟁이 국가'라는 비난과 의심을 받는다. 분명히 그런 면이 있음을 부정할 수 없다. 국제 사회로부터 식량 원조를 받던 1998년에도 갑자기 '대포동 1호'를 발사(북한은 미사일이 아니라 인공위성 '광명성 1호'를 발사했다고 주장했다)하여 위기를 자초하지 않았던가.

하지만 다른 한편으로 미국도 합의를 실현하기 위하여 적극적으로 움직이지 않았다. '북한은 곧 붕괴할 것이다'라는 오판은 한반도의 평화 실현을 가로막은 가장 큰 패착이다. 만약 미국이 「제네바합의」를 이행할 때 '북한의 존속'을 (변수가 아닌) 상수로 전제했다면 핵 문제가 조기에 종결되고 한반도의 화합이 상당히 진전했을 가능성이 크다. 첫 단추를 잘못 끼운 것처럼, 이후 북미 양국의 교류와 협력은 계속 어긋났고 미국은 북한이 보내는 시그널을 잘못 해석했다. 그 결과 북한은 핵무기 개발을 멈추지 않았고, 위기가 중첩되었다.

북한의 변화와 김대중의 햇볕정책

김일성의 삼년상을 끝낸 김정일은 '수령'과 '국가주석' 지위를 이어받지 않았다. 말하자면 영구결번 같은 상황이다. 김정일은 '당과 혁명의 영원한 주석' 김일성의 유훈에 따라 국가를 통치(유훈 통치)하면서 경제를 되살리기 위해 군을 국가의 중추에 두는 '선군정치' 체제로 이행했다. 김정일의 직책은 국방위원장이었으며, '군대야말로 당이며 인민이며 국가라는 혁명 철학'에 기초한 선군정치 체제에서는 국방위원회가 조선노동당을 뛰어넘는 최고 의사결정 기관이 되었다.

1999년 북한의 「노동신문」, 「조선인민군」, 「청년전위」 등 세 관영 기관지의 신년 공동 사설은 입을 모아 '경제 건설'이 곧 '강성 대국 건설'의 토대가 되는 가장 중요한 과업이라고 역설했다. 이는 경제를 중시하던 기본 방침을 되풀이한 것으로 자력갱생이 아닌 새로운 길, 구체적으로는 개혁개방 노선을 모색하겠다는 뜻이었다. 당연히 중국의 개혁개방 노선의 영향을 받은 것이다.

북한을 둘러싸고 있는 경제 제재를 완화하려면 미국을 비롯한 주변국과의 관계 개선이 필수적이다. 때마침 중요한 자리에 1998년 대한민국 15대 대통령으로 취임한 김대중이 등장했다. 자신의 비원은 민족통일이라고 공언해온 김대중은 취임 연설에서 북한에 대한 햇볕정책(대북 포용 정책)을 주창했다. 이후 북한의 거듭된 도발에도 처음의 기조가 변하지 않았다.

김대중이 표방한 대북 정책의 기둥은 다음과 같다. 첫째, 어떠한 군사 도발도 용서하지 않는다. 둘째, 북한을 붕괴시키거나 흡수할 의도를 갖지 않는다. 셋째, 북한과 화해하고 가장 합의하기 쉬운 분야부터 남북 협력을 활발하게 추진한다. 이 가운데 특히 두 번째 기조가 북한을 대화의 장으로 끌어낼 핵심이었다. 김대중은 2000년 3월 베를린자유대학에서 연설을 했고, 이를 계기로 같은 해 6월 평양에서 역사적인 남북 정상회담이 개최되었다. 김대중의 햇볕정책에 관해서는 3장에서 구체적으로 서술하겠다.

북미 국교 정상화에 다가간 2000년

2009년, 나는 세상을 떠나기 직전의 김대중 전 대통령을 인터 뷰했다. 그때 그는 다음과 같은 이야기를 들려주었다.

"1998년에 클린턴 대통령을 처음으로 만났을 때의 일입니다. 그는 '햇볕정책이란 무엇이냐'고 내게 물었지요. 제 설명을 듣고 그가 기자들 앞에서 이렇게 말했습니다. '김 대통령이 핸들을 잡고 운전하고 나는 조수석에 앉아 보조적 역할을 하겠습니다'라고요."

실제로 이즈음 북한이 조기에 붕괴하지 않을 것이라는 사실이 분명해졌고 미국은 대북 정책을 다시 검토하기 시작했다. 윌리엄 페리William J. Perry 전 국방장관이 대북정책조정관이 되어 '바람직한 북한'이 아니라 '있는 그대로의 북한'을 교섭 상대로 인정하자는 「페리 보고서」를 발표했다. 북한의 대량 살상 무기와 미사일 위협을 없애기 위한 단계적 접근 방식인 '페리 프로세스'는 북한이 취해야 할 첫 번째 길로 핵무기뿐 아니라 장거리 미사일 등의 대량 살상 무기를 포기하라고 제안했다. 이를 조건으로 미국과 전면 외교 관계를 수립하고 한국전쟁을 끝내는 평화협정을 체결하자는 것이다.

미국의 적극적인 변화를 이끌어낸 가장 큰 사건은 2000년 10월 북한 군대의 이인자인 조명록 국방위원회 제1부위원장의 워싱턴 방문과 「조선민주주의인민공화국과 미합중국 사이의 공동 콤 뮤니케」(이하 「조미 공동성명」), 뒤이은 올브라이트Madeleine Albright

국무장관의 방북이다.

「조미 공동성명」에서 가장 중요한 부분은 "쌍방의 그 어느 정부도 타방에 대하여 적대적 의사를 가지지 않을 것"이라는 선언이다. 또 1994년의 「제네바합의」를 준수하고 관계 개선을 위한 노력을 지속할 것을 확인하며 "1953년의 정전협정을 공고한 평화 보장 체계로 바꾸어 한국전쟁을 공식적으로 종식시키기 위해서 4자 회담 등" 다양한 방법을 추진한다라고 약속했다. 이때 '4자'란 남북과 미국, 중국을 가리키는데, 북한이 오랫동안 정전협정에 서명하지 않은 한국을 이 협정의 당사자로 인정하지 않았음을 고려할 때 획기적인 변화였다. 이는 김대중의 햇볕정책이 촉발한 변화라고 할 수 있다.

「조미 공동성명」 발표 후 2주 만에 방북한 올브라이트 국무장관에게 김정일은 클린턴 대통령의 방북을 요청했다. 만약 미국 대통령의 방북이 실현된다면 반세기 동안 유지해온 전쟁 상태가 마침내 끝나고 평화협정과 북미 국교 정상화가 이루어질 가능성이 컸다. 문제는 클린턴의 대통령 임기가 끝나가고 있었다는 점이다. 올브라이트의 방북 2주 뒤에 열린 미국 대통령 선거에서 민주당의 앨 고어Al Gore가 아니라 공화당의 조지 부시George W. Bush가 차기 대통령에 선출되었다.

흔들리는 미국과 흔들림 없는 북한

2001년에 출범한 부시 정부는 그때까지의 대북 정책을 뒤집고 강경 노선으로 돌아섰다. 북한의 입장에서는 10년간 다져온 북미와의 연결이 단숨에 끊어져버린 느낌이었을 것이다. 북한은 미국을 협상 테이블로 불러내기 위해 다시 벼랑 끝 전술을 펼쳤지만, 국제 사회의 불신만 악화시킬 뿐 상황이 개선되지 않았다.

지금까지 비핵화를 둘러싼 북한과 미국의 교섭을 되돌아보았다. 우리는 이 문제에서 북한의 거듭된 도발과 배신이 비핵화를 실현하지 못한 가장 큰 원인이라고 생각하기 쉽다. 북한이 처한 곤경 또한 자업자득이라는 비판을 완전히 부정할 수는 없다. 하지만 이 장에서 살펴본 것처럼 북한만 문제였던 것은 아니다. 명확하고 일관된 정책 기조 없이 북한과 교섭한 미국과 한국에도 책임이 있다. 북한의 일관된 주장은 '핵 보유를 인정하라'가 아니라 '체제의 존속을 보장하라'이다. 그리고 체제 보장의 교섭 상대는 미국이어야 한다는 것이다. 하지만 미국과 한국은 20세기 후반의 냉전 종식을 계기로 북한의 붕괴를 기대하며 교섭을 주저했다.

1994년 1차 핵 위기 이후 한반도 비핵화와 평화협정 체결은 희망이 보이다가도 매번 번복과 실망으로 끝났다. 하지만 상황이 전혀 나아지지 않은 것은 아니다. 어떤 역사는 똑같은 일만 되풀이되는 것처럼 보여도 사실은 나선을 이루며 앞으로 향한다. 남북 화해도 그와 같았다고 말할 수 있다. 2010년대 후반에 만들어진 남북, 그리고 북미의 화해 분위기는 갑자기 시작된 것이 아니다. 우리는 이것이 과거의 수많은 시행착오 위에서 이루어졌음을 잊어서는 안 된다. 다음 장에서는 남북 화해의 30년을 돌아보며 무엇이 실현되었고 무엇이 가능성으로 남아 있는지 상술하겠다.

남북 화합과

'역코스'의

30년

문재인 정권의 역사적 필연성

한반도의 미래를 생각할 때 비핵화와 동시에 살펴봐야 할 점은 바로 남북 화해의 시도들이다. 이는 문재인 정부에서 갑자기 시작된 것이 아니다. 남북 분단을 끝내려는 움직임이 한국에서 시작된 것은 냉전 종식의 시기였으며, 그 이후 30여 년간 이어졌다. 도중에 역코스逆course(역사의 진행 방향, 진보에 역행하는 일—옮긴이)에 빠지기도 했지만, 여러 시행착오를 거치며 경험을 축적했다. 현재 문재인 정권의 남북 화합 노선은 역대 정권이 남긴 유산으로부터 나왔다. 또한 이것은 한국전쟁 휴전 후 유지해온 '피스키핑peace-keeping'(휴전선의 유지·고정)을 '피스메이킹peacemaking'(휴전선 해체와 평화협정 체결에 의한 평화 체제 확립)으로 전환시키고자 했던 오랜 고난의 길 위에 있다고 하겠다.

뒤에서 다시 설명할 테지만, 지금 문재인 정부는 외교적 미숙함에 더해 일본과의 마찰, 대북 관계의 냉각, 미국과의 불협화음을 겪으며 '피스메이커'로서의 입지가 좁아지고 있다. 그럼에도 문재인 정부를 단지 친북·좌파로 폄하할 수는 없다.

남북이 유엔에 동시 가입한 1991년부터 첫 남북 정상회담이 성사된 2000년까지는 한국이 남북 분단을 끝내기 위해 주도적으로 나선 기간이다. 주목할 것은 냉전 시기에 미국의 종속 변수로 움직이던 한국이 적극적으로 주도권을 쥐기 시작했다는 점이다. 한국은 한미 관계를 기축으로 하면서도 스스로 행위자agent가 되었다. 북한과 미국의 만남을 주선하고 양국의 화해를 재촉하여 이를 한반도에 잔존하는 냉전 구조를 해체하는 방향으로 이어가려 했다. 2장에서 살펴보았듯 이 움직임은 1994년의 「제네바합의」와 클린턴 정권 말기의 「조미 공동성명」 같은 북미 관계 개선에 영향을 주었으며, 더 나아가 북한과 일본의 관계에도 역할을 했다.

남북 화해를 생각할 때 가장 먼저 떠오르는 말은 김대중 정권의 햇볕정책이다. 하지만 최초의 획기적 전환은 노태우 정권의 '북방정책'이었다고 할 수 있다. 노태우는 1987년 민주화 이후 김대중과 김영삼이라는 두 민주 후보가 갈등하는 바람에 어부지리로 당선된 군인 출신 대통령이다. 전임자 전두환의 맹우였던 그는 후일 12·12군사쿠데타와 광주민주화운동의 책임을 물어 단죄되었지만, 집권 시기에는 단지 군사정권의 아류로만 머물지 않았다. 미국의 국무장관 콜린 파월Colin Powell의 예처럼, 그 또한 보수 강경 파 군인이 아니었다. 오히려 노태우는 자유주의적 노선이라는 현실적인 선택지를 취했다. 그는 군 경험을 통해 남북한의 전쟁을 피하는 것이 가장 중요하다는 사실을 통감했을 것이다. 또한 집권 초기에 냉전의 종식을 마주하고 이전의 상식인 동서 대립 프레임이 급속히 무너지는 것을 목격했다. 이를 통해 세상은 탈냉전 시대로 돌입하는데 한국만 냉전 시대에 남아 반공을 외쳐봤자 결국 막다른 길을 만날 뿐이라는 현실을 깨달았을 것이다.

서독과 동독의 통일이라는 선행 모델

1987년 국민의 직접선거로 당선된 노태우는 이듬해 7월 7일 「민족자존과 통일번영을 위한 대통령 특별선언」을 발표했는데, 그 속에 '남북 교차 승인' 정책이 담겼다. 미국과 일본의 북한 승인과 중국과 소련의 한국 승인을 동시에 추진하여 남북의 평화 공존을 모색하겠다는 뜻이었다. 이 정책은 남북만의 자주적 단결에서 벗어나 미국과 일본, 중국, 소련 등 주변국을 포함시켜야 남북 관계를 한층 더 긴밀하게 만들 수 있다는 분석을 바탕으로 한다.

노태우의 외교 방침은 '북방정책'으로 불렸는데, 이는 서독의 '동방정책'에서 온 명칭이다. 동방정책은 1968년부터 1974년까지 서독의 총리를 역임하고 후일 노벨평화상을 수상한 빌리 브란트Willy Brandt가 주창한 것이다. 이를 계기로 서독과 동독, 그리고 동구권 여러 나라 사이의 긴장이 완화되었다. 동독을 대등한 교섭 상대로 본 동방정책은 그 전까지 동독을 국가로 인정하지 않던 서독의 외교 방침을 크게 바꿔놓았다. 그 결과 동독과 서독의 정상이 처음으로 회담을 가졌고 1972년에는 양국 간의 기본조약이 체결되었다. 그리고 두 나라는 유엔에 함께 가입했다(1973년 9월 18일). 브란트의 동방정책은 헬무트 슈미트Helmut Schmidt 총리를 비롯한 후임자들에게 계승되었다. 그 성과는 1975년 유럽안전보장협력회의CSCE에서 채택한 「헬싱키선언」으로 결실을 맺었다. 국가 주권의 존중과 국경의 불가침, 분쟁의 평화적 해결 등을 주장한 「헬싱키선언」은 회의에 참여한 소련을 포함한 유럽 33개국에 미국, 캐나다를 더한 35개국 정상에 의해 조인되었으며 데탕트(긴장 완화)에 공헌했다.

브란트의 시대로부터 20년이 지난 뒤 동독과 서독은 통일되어 하나의 독일을 이루었다. 냉전하의 동서 대립으로 분단된 한국은 동방정책과 그 결실인 독일 통일을 보며 커다란 충격을 받았을 것이다. 노태우의 북방정책은 독일보다 20년 늦게 한반도에 데탕트를 가져왔다.

한미일의 동상이몽

노태우의 브레인으로서 한반도 데탕트에 매진한 임동원의 말에 따르면, 노태우 정권은 피스키핑을 견지하면서 피스메이킹 즉 스스로 매개자가 되어 고정된 상황을 해체하는 방향으로 나아가려 했다. 남북의 평화적 공존을 실현하기 위해 예전 동독과 서독처럼 남과 북이 유엔에 동시 가입하는 것이 당면 목표였다. 1948년 한반도에 두 개의 정권이 들어선 이래, 양쪽이 모두 한반도의 정통성을 주장하면서 어느 쪽도 유엔에 가입하지 못한 상태였다. 특히 북한은 남북의 유엔 동시 가입이 결국 분단을 고착시킬 것이라며 부정적인 태도를 보였다. 노태우의 북방정책은 한국이 북한을 지지하는 소련, 중국과 국교를 맺고 미국과 일본이 북한의 유엔 가입을 수용하도록 설득하는 것이었다.

여기에 나카소네 야스히로中曾根康弘 내각의 동북아시아 외교 정책이 '남북 교차 승인'의 지렛대가 되었다. 1982년부터 1987년까지 일본 총리를 역임한 나카소네는 한국과 중국의 관계 회복을 측면에서 지원했다. 그는 취임 후 첫 방문지로 한국을 택했는데, 이는 일본 총리 최초의 공식 방한이었다. 한편 그는 중국과의 관계 구축에도 힘을 쏟았으며, 그 노력은 총리 퇴임 후에도 이어졌다. 나카소네 정권이 밭을 갈아놓은 한일, 중일 우호 관계는 남북 교차 승인을 뒷받침하였고, 나카소네의 뒤를 이은 일본 정권도 남북 교차 승인을 지지했다. 나카소네 정권은 냉전 말기의 동북아시아 질서 변화에 발 빠르게 대응했다. 그들은 한국과 중국 사이에 다리를 놓았으며 동북아시아의 새로운 질서 형성을 위한 중개자 역할을 했다.

그렇다고 해도 당시에 한국과 일본이 완전히 똑같은 생각을 한 것은 아니다. 일본의 바람은 어디까지나 남북 분단을 전제로 하는 한반도 안정화였다. 동북아시아 전체의 질서·평화 체제를 실현하기보다는 남과 북을 교차 승인하여 한반도를 반영구적 분단 상태로 확정하는 편이 일본의 안보에 유리하다고 본 것이다. 당시 미국의 의도도 일본과 같았고, 이는 한반도의 고착 상태를 해체하려던 한국 정부의 목적과 어긋날 수밖에 없었다.

1991년 「남북 기본합의서」의 중요성

노태우 정권의 대북 정책이 거둔 성과로 1991년 남북한의 유엔 동시 가입과 2장에서 언급한 「비핵화공동선언」 등이 있지만, 그중에서도 가장 중요한 것은 1991년에 발표한 「남북 기본합의서」이다.

이 합의서가 발표되기 19년 전인 1972년에도 남과 북은 리처드 닉슨Richard M. Nixon의 중국 방문이 일으킨 정세 변화를 받아들일 대화의 장을 열었다. 이 자리에서 양국은 '자주·평화·민족 대단결'에 기반한 평화 통일로 향하자는 합의를 담은 공동성명을 발표했다. 흔히 「7·4 남북 공동성명」으로 알려진 이 성명은 한반도의 공존과 평화를 실현할 것이라는 기대를 불러일으키며 국내외에서 큰 환영을 받았다. 하지만 이 성명은 남북이 서로의 국가 체제를 승인하고 적대를 지렛대로 삼아 독재를 강화한 결정적 계기로 전락했다. 따라서 1991년의 「남북 기본합의서」는 한국전쟁 이후 처음으로 남북이 함께 화해와 불가침을 선언한 의미 있는 사건이다. 브란트의 동방정책이 그러했던 것처럼, 서로가 상대를 불구대천의 원수가 아니라 국가로 인정하는 일이야말로 분단 해결의 첫걸음이다.

다섯 번에 걸쳐 남북 고위급 회담을 열고 서로의 체제를 인정하며 공존을 모색하는 가운데 휴전을 평화 상태로 바꿀 수 있는 합의에 도달했다는 점에서 이 합의서는 획기적이다. 비록 북한의 핵 개발 의혹과 그에 따른 긴장으로 합의가 지켜지지는 않았지만, 이후의 남북 정권도 「남북 기본합의서」의 내용을 어떻게 실현할지에 관한 문제의식을 계승했다.

김영삼 정권의 뒷걸음질

한반도에서 냉전의 종식을 가로막은 요인 중 하나는 한국 내부의 '남남 갈등'이다. 친미·반공의 이데올로기 아래에 결집한 보수 우파 세력이 남북 화해와 민주화를 요구하는 좌파 세력과 격렬하게 대립했다. 두 세력은 때로는 지역에 따라, 때로는 이데올로기에 따라 갈라져 갈등했다. 남북 관계를 개선할 수 있는 기회가 왔을 때마다 갈등이 첨예해지다 결국 기회를 놓치는 패턴이 현재의 문재인 정부에서도 반복되고 있다.

기본적으로 우파의 지지를 받는 보수 정권은 남북 화해에 부정적이지만, 노태우는 탈냉전이라는 시대 상황을 받아들여 오히려 분단을 넘어서는 방향으로 적극적으로 움직였다. 한편 노태우의 뒤를 이어 1993년에 대통령에 취임한 김영삼은 한국 민주화운동의 기수로 널리 알려진 정치가였다. 문민정부를 내세운 김영삼 정권은 북한과의 대화를 진전시킬 것이라는 기대를 모았지만 실제로는 양국의 관계를 반대 방향으로 되돌려버리고 말았다.

김영삼도 취임 초기에는 남북 화해에 의욕을 보였다. 하지만 북한 정권이 곧 붕괴하리라는 예측과 한국의 경제적·군사적 우위라는 현실이 강조되면서 한국의 입장은 흡수(합병) 통일로 기울었다. 이에 따라 노태우 정권이 추진하던 북방정책이 역코스로 흐르게 되었다. 김영삼 정권의 강경 노선은 북한뿐 아니라 핵 문제의 연착륙을 시도하던 미국, 일본과도 마찰을 일으켰다.

북한은 조기 붕괴하지 않았다. 오히려 한국의 경제가 먼저 파탄이 났다. 1997년 타이 바트화를 시작으로 아시아를 덮친 외환 위기는 박정희 정권 이래로 개발독재 경제를 일궈온 한국을 송두리째 뒤흔들었다. 한국은 국제통화기금과 세계은행 등의 지원을 받게 되었고, 김영삼은 실의에 빠진 채 임기를 마쳐야 했다.

우호적 한일 관계

외환 위기의 충격에 휩싸인 한국의 정권을 명실상부한 문민정부인 김대중 정부가 이어받았다. 김대중 정부는 1987년에 이룬 민주화의 궤도에 올라 남북 화합을 지향하며 앞으로 나아갔다. 그 노력은 2000년 6월의 남북 정상회담으로 결실을 맺었다. 1970년대 야당 정치인 시절부터 일관되게 통일의 기치를 내걸었던 김대중은 그것을 실현할 조건을 착실히 조성했다.

정권 출범 직후 김대중은 대북 3원칙(1. 북한의 무력 도발을 허용하지 않는다. 2. 북한을 흡수 통일하지 않는다. 3. 남북의 화해와 협력을 추진한다)을 천명했다. 하지만 당시 여당은 의회의 소수 정당이었다. 이에 김대중은 보수 진영의 지지를 구하기 위해 박정희의 수하로서 초대 중앙정보부장을 역임한 김종필을 총리로 임명하고, 국내 경제를 재건하는 데 전념했다. IMF로부터 경제 구조의 개혁을 요구받은 김대중 정권은 재벌의 해체·재편과 함께 IT산업 육성 등 종래의 개발경제에서 글로벌화에 대응하는 경제로 과감한 변혁을 단행했다. 그 덕분에 한국 경제는 바닥을 딛고 반등할 수 있었다. 하지만 동시에 이는 오늘날까지 이어지는 경제적 양극화의 계기가 되었다.

노련한 정당 정치가였던 김대중은 미국과 일본, 중국, 러시아 등 주변국과의 우호 관계가 한반도의 평화로 이어진다는 점을 잘 알고 있었다. 특히 김대중은 대일 관계를 중시했는데, 이는 대통령 취임 후 순방한 나라의 순서를 통해서도 잘 드러난다(미국 다음으로 일본, 중국, 러시아를 방문했다).

1998년 일본을 방문한 김대중 대통령은 오부치 게이조 총리와 회담하고 「한일 파트너십 공동선언」을 발표했다. 이 선언에서 일본은 한국을 향해 "(과거의 식민지 지배에 대한) 통절한 반성과 마음으로부터의 사죄"를 표명했다. 1998년의 사죄는 1993년의 고노 담화(위안부 관계 조사 결과 발표에 관한 고노 요헤이河野洋平 관방장관의 담화)와 1995년의 무라야마 담화(전후 50년을 맞아 무라야마 도미이치村山富市 총리가 식민 지배에 대해 반성과 사죄를 표명한 담화)와 달리 공식 문서에 기재되었다는 점에서 중요하다. 이에 대해 한국도 양국 관계의 현안인 역사 문제가 해결된 것으로 보고 앞으로 두 나라를 미래 지향적 관계로 발전시키기 위하여 함께 노력하겠다고 표명했다. 「한일 파트너십 공동선언」은 "단순히 양자 차원에 그치지 않고 아시아 태평양 지역, 나아가 국제 사회 전체의 평화와 번영을 위해" 앞으로 나간다는 자세에 입각하여 탈냉전 시대의 새로운 동북아 질서를 제시했다.

아시아 외환 위기 당시에 일본이 미야자와 기이치宮沢喜一 재무장관의 이니셔티브(치앙마이 이니셔티브를 말한다. 동남아시아국가연합 ASEAN과 한국·중국·일본 3국이 외환 위기 발생을 방지하기 위하여 체결한 통화 교환 협정이다. '치앙마이협정'이라고도 한다—옮긴이)를 통해 한국에 83.5억 달러를 융자하여 경제 위기를 적극적으로 지원하는 등, 이 시기의 한일 관계는 그때까지 경험한 적이 없을 만큼 우호적이었다. 치앙마이 이니셔티브를 계기로 ASEAN+3(한중일)의 정상회담과 외상회의가 정기적으로 개최되었고, 2000년부터는 아세안지역안보포럼ARF에 북한도 참가하여 한반도 문제를 논의했다. 그 밖에도 한중일 정상회담이 정례화되었다. 만약 한일이 서로 협력하지 않았다면 이 모든 변화는 불가능했을 것이다. 양국의 협력은 아시아 태평양 지역의 다자간 협력 체제를 이루어냈다.

김대중이 빚어낸 통일 프로세스

1998년에 김대중이 대통령에 취임하여 대북 화합 노선을 내걸었을 때 북한은 '햇볕정책'을 강도 높게 비판하고 도발을 멈추지 않았다. 한국이 유화 정책을 취할 때 먼저 비판을 한 뒤에 상대의 방침이 변하는지 아닌지를 확인하는 것이 북한이 종래에 해오던 대한국 외교 방식이다. 햇볕정책 때도 북한은 그 배후에 흡수합병의 의도가 있지 않은지 신중하게 살폈다고 한다. 이에 대하여 김대중은 '대북 정책을 일관되게 추진한다'는 태도를 바꾸지 않았다.

체제 경쟁의 시대는 막이 내렸고, 한국은 북한과 비교할 때 이미 '강자'가 된 상황이었다. 또한 공산권을 향해 먼저 화해의 손짓을 보낸 브란트와 냉전 종식에 선도적 역할을 한 고르바초프Mikhail Gorbachev라는 역사의 전례가 있었다. 김대중도 북한을 향해 솔선하여 변화를 보인 후, 이를 통해 상대의 변화를 이끌어내는 것을 햇볕정책의 요체로 삼았다. 햇볕정책은 단순한 유화 정책과 달리, 군사적 억지력에 기반하여 북한의 무력 도발을 막으면서도 북한에 대한 적극적 관여를 통해 그들이 '비핵화의 길을 걷더라도 괜찮다'라고 여길 만한 조건을 만들려는 계획이었다.

대통령 임기 중반을 지나던 2000년 3월 9일 김대중은 베를린 자유대학에 방문해 연설을 했다. 이날의 「베를린선언」에서 그는 한반도의 평화 구축을 위하여 남북 정부의 협력을 호소하고 인프라 구축을 포함한 대담한 대북 경제 지원 정책을 제안했다. 이는 1999년에 북한이 내놓은 '경제 건설' 방침에 응하는 것이었다. 김대중의 연설을 계기로 4월에는 남북 정상이 만나기로 약속했다. 그리고 원래대로라면 1994년에 개최되었을 첫 번째 남북 정상회담이 6년 뒤인 2000년 6월에 비로소 실현되었다.

김대중 대통령과 김정일 위원장이 평양에서 발표한 「6·15 남북 공동선언」은 1991년의 「남북 기본합의서」를 바탕으로 하여 구체적인 합의를 이끌어냈다. 그 가운데 "2. 남과 북은 나라의 통일을 위한 남측의 연합제 안과 북측의 낮은 단계의 연방제 안이 서로 공통성이 있다고 인정하고 앞으로 이 방향에서 통일을 지향시켜나가기로 하였다"는 조항에서 통일 국가의 구체적인 형태를 처음으로 언급했다. 동독과 서독이 그랬던 것처럼, 대한민국과 조선민주주의인민공화국도 통일을 향한 과정을 함께 관리해나가기로 약속한 것이다.

김대중이 1970년대부터 철저하게 준비해온 '3단계 통일론'은

'남북연합→연방제→완전통일'이라는 과정을 밟아나가는 구상이다. 1단계의 '남북연합'에서는 한국과 북한이 유엔에서 하나씩 자리를 가지면서 느슨한 국가연합의 형태를 취하고, 2단계에서는 하나의 국가 안에 두 개의 정부가 있는 '연방제'로 이행한다. 이것은 북한이 주장하는 느슨한 연방제와 매우 유사한 형태로, 그 내용이 선언문에 담겨 있다.

3단계 통일론의 각 단계에 적어도 10년이 필요하다는 것이 김대중의 생각이었는데, 1단계의 남북연합을 실현하기 위해서 김대중 정부 시기에는 남북 간의 경제, 문화, 사회, 교통, 보건 분야의 교류와 이산가족 상봉이 이루어졌다. 이렇게 해서 남북 관계는 비약적으로 개선되었다. 2000년 시드니올림픽 개회식에 남북 선수단이 통일기를 휘날리며 함께 입장한 장면은 남북 관계의 변화를 상징적으로 보여주었다.

당시에 특히 힘을 쏟은 사업은 경제 교류 촉진이다. 한반도의 휴전선 위아래를 연결하는 철도인 경의선과 동해선을 다시 연결하는 공사에 착수하고 고속도로 건설도 계획했다. 그중에서도 한국의 현대그룹과 북한이 공동으로 개성에 공업단지를 조성하고 더 나아가 북한 최대의 군사시설과 가까운 금강산을 관광지로 개방했다. 이로써 개성과 금강산이 남북 경제 교류의 두 기둥으로 자리 잡았다는 의의가 크다.

유포리아로부터의 암전

1990년대 말 몇 년간 세계적으로 유포리아euphoria(다행증, 낙관론에 도취된 상태) 상태가 이어졌다. 이 시기에 한국과 미국, 일본은 처음으로 대북 정책에서 나란히 보조를 맞추게 되었다. 클린턴 정권은 북한 조기 붕괴설이라는 전제를 폐기하고 페리 프로세스에 의한 교섭을 추진하여 2000년에 「조미 공동성명」과 올브라이트 국무장관의 방북이라는 성과를 낳았다.

그러나 뒤이은 부시 정권은 콜린 파월 국무장관 등 일부 온건파를 제하면, 딕 체니Dick Cheney 부통령, 도널드 럼스펠드Donald Rumsfeld 국방장관, 존 볼턴John Bolton 국무차관 등 이른바 네오콘(신보수주의자. 독재 국가 축출을 지향하며 외교적 강경 노선을 주장하는 일파) 일색이었다. 그들은 대북 강경론을 내세웠고, 그동안 우여곡절을 겪으며 진전시킨 북미 관계는 다시 역코스를 그리게 되었다.

2001년 9·11테러 이후 '테러와의 전쟁'에 돌입한 미국은 2002년 북한을 이라크, 이란과 같은 수준의 '악의 축axis of evil'으로 지목했다. 미국의 선제공격 타깃이 될지도 모른다는 위협을 느낀 북한이 이번에도 핵을 카드로 사용하는 벼랑 끝 전술을 꺼내면서, 김대중이 공들인 남북 화합의 분위기에 다시 긴장이 감돌았다.

고이즈미 방북의 배경

그동안 일본은 정치적 혼란을 겪고 있었다. 1988년 일본 최대의 정치 스캔들인 리쿠르트 사건(리쿠르트가 계열사의 비상장 주식을 정관재계 유력 인사 76명에게 뇌물로 건넨 사건—옮긴이)으로 다케시타 노보루竹下登 내각이 물러난 뒤 자민당 정권은 끊임없이 흔들렸다. 그 결과 1993년에 비자민당 정권인 호소카와 모리히로細川護熙 내각이 출범했고, 1994년에는 자유민주당과 일본사민당, 신당사키가케가 연립해 무라야마 내각을 만들었다. 이후에도 정치적 혼란이 지속되었고, 오부치 총리가 급사하며 새로 들어선 모리 요시로森喜朗 내각은 사상 최저의 지지율에 신음하고 있었다. 이런 위기 상황에서 "자민당을 부숴버리겠다"면서 총리가 된 인물이 바로 고이즈미 준이치로小泉純一郎다.

2001년 고이즈미 내각이 출범했을 때 미국은 이미 부시 정권의 시대로 접어들었지만 아직은 포용 정책의 여운이 남아 있었다. 고이즈미의 방북은 한국과 미국의 대북 화해 노선에 일본이 보조를 맞춘 마지막 움직임이 되었다. 그 배경에는 몇 가지 요인이 있는데, 그 가운데 하나는 일본 측의 사정이다. 한국의 '햇볕정책'에 비해서는 늦은 감이 있지만 일본도 북한과 교섭을 추진하여 동북아시아의 새로운 질서 형성에 영향력을 행사하려 했다. 더 나아가 고이즈미는 북일 국교 정상화라는 유산을 얻어낼 계획을 세웠다. 대북 강경론이 주류가 된 부시 정권은 일본이 북한으로 접근하는

것을 경고했다. 그러나 고이즈미는 부시 대통령과의 개인적 친분
에 기대어 미국의 반대를 무릅쓰고 북일 국교 정상화를 추진했다.
여기에 주위의 반대를 좀처럼 신경 쓰지 않는 고이즈미의 성격까
지 더해져서, 전후 일본에서는 보기 힘들었던 적극적인 외교가 가
능했다고 하겠다.

한편 북한도 일본과 교섭을 추진할 동기가 있었다. 북한 외교의
최대 목적은 체제 보장이며, 그 교섭 상대는 미국이다. 그런데 부
시 정권 출범 후 한미 관계가 급속도로 얼어붙었기 때문에 북한은
미국과의 관계를 중개하는 역할을 일본에 기대했다. 부시 대통령
이 2002년 연두 연설에서 북한을 '악의 축'으로 겨냥하자 타개책
을 구해야 하는 북한의 입장은 한층 더 절박해졌다.

업그레이드 된 「조일 평양선언」

2002년 9월 고이즈미는 일본 총리로서는 처음으로 평양을 방
문하여 김정일을 만나고 「조일 평양선언」에 서명했다. 이 선언에
서 주목할 부분은, 이것이 1965년에 한국과 맺은 「한일 기본조약」
을 업그레이드한 것이라는 점이다. 제2항은 "일본 측은 과거 식민
지 지배로 인하여 조선 인민에게 다대한 손해와 고통을 준 역사적
사실을 겸허하게 받아들이며 통절한 반성과 마음속으로부터의
사죄의 뜻을 표명하였다." 이것은 1965년의 「한일 기본조약」에

는 명기되지 않은 과거의 식민지 지배에 대한 사실상의 사죄이다. 1965년 이래 37년 동안의 시대 변화가 대북 외교 문서에 "통절한 반성과 마음속으로부터의 사죄"라는 말로 담겼다.

하지만 「조일 평양선언」에는 「한일 기본조약」의 문제점 또한 그대로 남아 있다. 다음 장에서 다시 살펴보겠지만 「한일 기본조약」에서 일본은 배상이 아니라 경제 협력금이라는 형식을 취했다. 과거의 식민지 지배에 대한 사죄를 담은 「조일 평양선언」도 배상금은 경제 협력 방식에 의한 보상이라는 형태를 취한다. 그러니까 「조일 평양선언」의 앞부분은 「한일 기본조약」을 발전시켰지만 뒷부분은 답습하는 데 그쳤다. 이는 역사와 시대의 변화를 반영하면서도 한편으로는 「한일 기본조약」과의 정합성을 유지하려한 이율배반적 타협의 결과이다.

잃어버린 주도권

한반도 정세에 대한 일본의 영향력을 확고히 해주리라 기대했던 북일 정상회담은 13명의 일본인이 북한에 납치되었던 문제가 불거지면서 오히려 고이즈미 내각을 막다른 길로 몰아넣었다. 전문에 "조일 사이의 불미스러운 과거를 청산하고 현안 사항을 해결하며 결실 있는 정치, 경제, 문화적 관계를 수립하는 것이 쌍방의 기본 이익에 부합되며 지역의 평화와 안정에 크게 기여한다는 인식을 확인하였다"라고 명시했음에도, 이 선언은 납치 문제라는 암초를 만나 좌초했다. 이후 북한과 일본 사이의 교섭은 진전되지 않았다.

고이즈미 총리를 만난 김정일은 납치 문제에 관하여 "유감이다. 사과하고 싶다. 이러한 일이 두 번 다시 일어나지 않도록 적절한 조치를 취하겠다"고 밝혔다. 또 관계자를 처벌하고 진상을 규명하겠다고 약속했다. 그러나 북일 정상회담 직후에 납치 피해자 중 8명이 사망했다는 소식이 전해지며 일본 사회가 분노했다. 북한의 끔찍한 국가 범죄를 규탄하는 여론이 들끓었다. 결과적으로 일본이 고이즈미의 귀국길에 잠시 동행했던 5명의 납치 피해자를 평양으로 돌려보내지 않으면서 양국은 이내 험악한 공방을 벌이기 시작했다. 정상회담을 추진했던 이들 중 그 누구도 예상하지 못한 일이었으리라. 2004년 5월 고이즈미는 북한에 앞서 귀국한 5명 외에 북한에 남아 있는 그들의 가족도 일본으로 보내달라고 요청하고 그것을 바탕으로 국교 정상화 협상을 다시 추진하려 했지만, 양국이 '사망했다'고 알려진 피해자 8명에 대한 재조사를 놓고 엎치락뒤치락하는 가운데 결국 이마저도 실패했다.

북일 관계를 개선하여 미국과 북한을 중재하고 동아시아의 새로운 질서 형성에 주도적 역할을 하려던 일본의 계획은 틀어졌다. 북한에 대한 비난 여론이 정부의 행동을 제약했다. 일본의 중재를 받아 미국과 직접 교섭을 벌이려던 북한의 계획 또한 실패하였고, 이제 그들에게는 벼랑 끝 전술을 꺼내는 것밖에 남지 않았다.

2차 핵 위기와 강경 노선의 실패

2001년 10월 미국은 아프가니스탄에서 탈레반 소탕 작전을 개시하며 테러와의 전쟁에 돌입했다. 이어서 이라크에 대량 살상 무기가 있다는 루머가 떠돌던 2002년, 평양을 방문한 제임스 켈리James Kelly 국무부 차관보는 북한의 고위급 관리(강석주 외무성 제1부상)가 우라늄 농축을 '시인했다'고 보고했다. 이에 미국은 북한이 핵 개발을 시인했다고 발표하고 농축 우라늄 프로그램을 즉시 검증 가능한 방법으로 폐기하라고 압박했다. 미국은 발언의 진위를 확인하지도 않고 「제네바합의」를 파기하는 쪽으로 돌진했으며, KEDO는 북한에 중유 공급을 중단하기로 결정했다. 이에 대하여 북한은 「제네바합의」 후 8년간 동결했던 플루토늄 생산 계획을 결행하고 NPT 탈퇴를 표명했다. 2차 핵 위기가 시작된 것이다.

미국은 겉으로는 중동과 동북아시아에서 동시에 전쟁을 수행할 능력이 충분하다는 자세를 취했다. 하지만 실제로는 아프가니스탄과 이라크에서 벌인 전쟁에 대응하느라 북핵 문제에 적극적으로 대처할 여유가 없었다. 미국은 북한의 움직임을 견제하기 위하여 중국 등의 관련국이 참여하는 프레임을 활용하기로 했다. 이것이 2003년부터 개최된 한국, 북한, 미국, 중국, 일본, 러시아의 6자회담이다.

6자회담을 개최한 미국의 의도는 분명했다. 북한 비핵화 문제를 국제화하여 책임을 분산하는 것이다. 여기에는 전대미문의 경제 성장을 달성하고 대국화의 길을 걷고 있는 중국에 막중한 짐을 지우겠다는 의도도 포함되어 있었다. 또한 북한 대 주변 5개국이라는 구도를 짜고 비핵화를 압박하겠다는 노림수도 있었다. 하지만 6자회담을 동북아시아에서 영향력을 확대할 좋은 기회로 여긴 중국은 미국의 계산대로 움직이지 않았다. 또한 북한의 최종 목표는 어디까지나 미국과의 양자 교섭이었기 때문에 6자회담은 여러 차례 혼란에 빠졌다.

첫 번째 6자회담을 개최한 뒤 2년간 거의 성과를 내지 못하는 사이에 부시 정권은 2기로 접어들었다. 그리고 한 달 뒤인 2005년 2월, 북한은 6자회담 참가를 무기한 연기하겠다고 발표하고 핵 보유를 공식화했다. 부시 정권의 네오콘이 바라던 북한의 체제 붕괴는 일어나지 않았으며, 북한을 압박하는 외교 노선은 그들의 핵무장을 막지 못했다. 막기는커녕 오히려 상황을 악화시키는 결과를 낳았다.

「제4차 6자회담 공동성명」의 핵심

위기의식을 느낀 미국은 강경하던 태도를 조금 물렸다. 2005년 9월에 개최된 제4차 6자회담에서는 처음으로 공동성명(「제4차 6자회담 공동성명」)이 채택되었다. 전문에 "한반도와 동북아시아 전반의 평화와 안정이라는 대의를 위해"라는 문구가 들어간 것은 북핵은 특정한 국가가 아니라 동북아시아 지역 전체의 문제라는 인식을 공식화했다는 점에서 획기적이다. 또 제1항에서 북한은 "모든 핵무기와 현존하는 핵 계획을 포기할 것과, 조속한 시일 내에 핵확산금지조약과 국제원자력기구의 안전 조치에 복귀할 것을 공약"했고, 미국은 "한반도에 핵무기를 갖고 있지 않으며, 핵무기 또는 재래식 무기로 조선민주주의인민공화국을 공격 또는 침공할 의사가 없다는 것을 확인하였다." 이는 곧 미국이 북한에 대해 불가침 선언을 한 것이다. 또 "대한민국은 자국 영토 내에 핵무기가 존재하지 않는다는 것을 확인"하는 동시에 1992년의 「비핵화 공동선언」을 준수한다는 점을 재확인했다.

뿐만 아니라 제2항에서 북한과 미국이 '상호 주권 존중', '평화적 공존', '관계 정상화를 위한 조치'를 약속하고, 북한과 일본도 「조일 평양선언」에 의거하여 관계 정상화를 위한 조치를 취하기로 약속했다는 점 또한 중요하다. 제3항은 미국, 일본, 중국, 한국, 러시아가 북한에 에너지를 지원하는 계획을 설명한다.

그런데 「제4차 6자회담 공동성명」 채택 직후 미국 재무부가 북한이 가짜 달러를 제조하고 있다고 주장하며, 위조지폐를 돈세탁한 것으로 의심되는 마카오 소재의 방코델타아시아은행의 북한 계좌를 '우려 대상'으로 지정했다. 북한은 당장 봉쇄를 풀지 않으면 6자회담에 응하지 않을 것이라고 강하게 반발했다. 이어서 7월에는 동해를 향해 탄도미사일을 7발 발사하고, 10월에는 지하 핵실험을 실시했다. 더욱이 고이즈미 내각의 뒤를 이은 아베 신조

내각이 '납치 문제의 해결 없이 북한과 국교를 정상화할 수 없다'
는 강경론을 내세우자 북일 관계는 한층 더 차갑게 식었다.

그림의 떡이 된 세 번째 기회

한편 미국은 북한에게 6자회담에 복귀하라고 재촉했다. 2007
년 2월에 개최된 제5차 6자회담에서는「제4차 6자회담 공동성명」
의 결의들을 실시하기 위한 초기 조치가 발표되었다. 제1항에는
"6자는 6자회담의 목표가 한반도의 검증 가능한 비핵화를 평화
적인 방법으로 달성하는 것임을 만장일치로 재확인하였다"는 문
구가 있는데, 이는 비군사적 방법으로 비핵화를 달성하겠다는 점
을 명확히 한 것이다. 또 제4항은 "6자는 동북아시아의 항구적인
평화와 안정을 위해 공동 노력할 것을 공약하였다. 직접 관련 당
사국들은 적절한 별도 포럼에서 한반도의 항구적 평화 체제에 관
한 협상을 가질 것"이라고 설명한다. 여기에 '직접 관련 당사국'
이 누구인지는 명기되지 않지만 이는 한국전쟁의 당사자인 한국
과 북한, 미국, 중국을 가리킬 것이다. 그러니까 동북아 지역의 항
구적 평화와 번영을 달성하기 위해 정전협정을 평화협정으로 전
환해야 한다는 요청인 셈이리라.
　「제4차 6자회담 공동성명」과 마찬가지로 제5차 6자회담의 문
서에서도 '행동 대 행동' 원칙이 기술되어 있다는 점은 중요하다.

「공동성명」에는 "공약 대 공약, 행동 대 행동 원칙에 입각하여 단계적 방식으로 상기 합의의 이행을 위해 상호 조율된 조치를 취할 것을 합의하였다"라고 쓰여 있다. 핵을 전부 포기해야 국교 정상화라는 당근을 주겠다는 '빅딜'에 응하지 않는 것이 북한의 일관된 태도라는 점을 고려할 때 이는 매우 현실적인 접근이었다.

1994년 카터와 2000년 올브라이트의 방북에 이은 6자회담은 1991년부터 이어진 한반도의 평화와 안정을 추구하는 노력의 연장선에서 성사되었다. 거듭된 북한의 핵 실험에도 불구하고 6자에 의한 공동 문서가 채택되었다는 것 자체가 획기적이다. 이때의 결정은 한반도의 평화와 안정을 만들어가는 과정에서 유산으로 삼아야 할 내용이다. 만약 제대로 실행되었다면 예전의 동독과 서독이 「헬싱키선언」에 서명했듯이 체제의 차이를 넘어서 지역 전체의 안전보장과 긴장 완화로 나아가는 다자간의 프레임이 될 가능성이 충분했다. 북한 또한 이번에야말로 북미 관계를 진전시킬 수 있다고 기대했을지도 모른다. 하지만 상황은 북한의 바람대로 흘러가지 않았다.

2007년 10월, 곧 임기가 끝나는 노무현 대통령이 평양을 방문하여 2차 남북 정상회담(「남북 관계 발전과 평화 번영을 위한 선언」을 발표했다)을 성사시켰다. 노무현은 김대중의 대북 포용 정책을 계승하여 남북 관계를 개선하려고 노력했지만 악화된 한미 관계 등의 영향으로 사상 최저의 지지율로 임기를 마쳤다. 그리고 보수파인 이명박이 대통령에 취임하면서 김대중·노무현 정부가 추진해온 포용 정책을 다시 역코스로 돌려놓았다. 「남북 관계 발전과 평화 번영을 위한 선언」의 합의는 실행되지 않았고, 한국인이 금강산 관광 중 북한군에 피살되는 사건이 일어나면서 첫 번째 남북 정상 회담의 성과인 금강산 육로 관광마저 중단되었다. 그 뒤 김정일이 뇌졸중으로 쓰러지고, 북한 핵 시설 무력화 프로그램의 실효성이 의심을 받으면서 평화 프로세스도 갈피를 잃었다.

일본에서는 1차 아베 정권, 후쿠다 야스오福田康夫 정권, 아소 나로麻生太郎 정권으로 집권 세력이 자주 교체되고 2009년에는 민주당이 권력을 잡는 등 정치 혼란이 이어지면서 한일 관계를 개선하려는 시도가 정체되었다. 그러는 동안 자민당 정권이 다져온 한국과의 연결고리마저 끊어졌다. 이처럼 다양한 요인이 겹치면서 한반도의 정세를 호전시킬 기회가 차례로 사라졌다.

오바마와 잃어버린 10년

2009년부터 2017년까지 미국 대통령을 역임한 버락 오바마 Barack Obama는 그의 자유주의적 기조에 비추어볼 때 압박 일변도의 대북 정책에서 벗어날 것이라고 기대되었다. 하지만 2009년 1월 오바마 정권 출범 직후, 북한이 인공위성이라는 명목으로 장거리 미사일을 시험 발사했다. 때마침 오바마는 체코 프라하에서 핵무기 폐기에 관한 연설을 앞두고 있었다. 유엔 안전보장이사회가 북한에 대한 비난 성명을 냈지만, 이에 반발한 북한은 다시 6자 회담에서 탈퇴하고 영변 핵 시설을 재가동할 것이라고 표명했다. 6자회담은 이제 껍데기만 남은 셈이 되었다. 이어서 북한은 2009년 5월 25일에 두 번째 핵 실험을 실시했다. 이번에도 유엔이 제재 결의를 채택하고 북한은 핵무기 개발에 한층 더 매진하겠다고 성명을 내는 등 악순환이 이어졌다. 그러는 사이에 한국에서는 뇌물 수수 혐의로 검찰의 조사를 받던 노무현 전 대통령이 스스로 목숨을 끊었다.

오바마 정권은 동북아의 혼란에 '전략적 인내'로 대응한다는 방침을 세운 뒤 실제로는 거의 움직이지 않았다. 오바마 정권의 기본 입장은 다국간주의多國間主義인데, 이것은 미국과의 양자 교섭에 집착하는 북한의 생각과 동떨어져 있었다. 오바마 정권은 한국과 미국, 일본이 연계하여 북한에 대응하고 중국에도 북한에 압력을 가할 것을 요청했다. 하지만 한국과 일본은 앞서 말한 사정 때문에 대북 관여 정책을 취할 수 없었다. 상황은 그저 악화될 뿐이었다.

오바마는 한반도보다 유럽에 중점을 두었고, '전략적 인내'는 결과적으로 한반도의 분단을 고착화하는 결과를 초래했다. 이는 오바마 정권의 의도였으며, 오바마 재임 8년을 지나 2018년 트럼프가 싱가포르에서 김정은을 만날 때까지 한참 동안 이어졌다. 오바마의 집권과 전략은 한반도 비핵화 문제 해결의 '잃어버린 10년'이었다고 할 수 있으리라.

관계 개선의 기회를 놓치고 사태가 점점 악화되는 가운데 2011
년 12월 17일 북한의 김정일이 사망했다. 그 뒤를 이어 '최고지도
자' 자리에 오른 인물은 성가족의 3대째이자, 서른이 채 안 된 김
정일의 3남 김정은이다.

30년 동안 변한 것

지금까지 냉전의 종식 후 노태우 정권에서 시작된 남북 화해
와 한반도 비핵화를 둘러싼 움직임이 어떻게 전개되어왔는지 되
짚어보았다. 그동안 남북 정상회담과 북일 정상회담이 실현되었
고 북미 관계도 개선될 기회가 있었다. 하지만 결과적으로는 분
단 상태가 고착되었고 북한은 핵무기 개발에 더욱 매진했다. 거대
한 바위를 산 정상에 올려놓자마자 굴러떨어지고 마는 시시포스
Sisyphos의 신화 같은 세월이었다고 생각할지도 모른다.

하지만 정체와 반동을 거듭하면서도 화해를 위한 성실한 노력
들이 축적되었다. 특히 이 30년간 미국의 대북 정책에서 한국의
동향이 중요한 요인이 되었다는 점은 커다란 변화이다. 그 노력들
이 2017년 대한민국 대통령에 취임한 문재인의 대북 정책과 2019
년 북미 정상이 두 차례 만나는 극적인 장면으로 이어졌다.

전후

최악의

한일 관계

탈아입구와 순치보거

남과 북으로 분단된 한반도에서는 냉전 종식 후 30년간 파상적으로 위기가 반복되었고, 이것이 무력 충돌이나 파멸적 전쟁으로 확대되는 것을 막기 위해 미국을 비롯한 주변 국가를 끌어들이려는 노력이 이어졌다. 그 사이에 실제 전쟁이 발발하지 않은 것이 오히려 기적이라고 할 수 있을 정도다. 파국의 낭떠러지 끝에 매달렸던 국면도 있었지만, 그럼에도 '2차 한국전쟁'은 일어나지 않았다.

왜 6월의 포성(1950년 6월 25일 한국전쟁 발발)이 반복되지 않았을까? 미국의 확장 억지력extended deterrence(동맹국인 한국에 핵 공격 억지력을 제공한다는 미국의 핵전략), 미일 안보와 결합된 「한미상호 방위조약」의 효력, 한국군의 현대화, 그리고 현상 유지를 바라는 중국의 압력 등 다양한 요인을 들 수 있다. 하지만 가장 큰 이유는 만약 2차 한국전쟁이 현실이 된다면 한반도는 물론 주변의 중국과 일본도 막대한 희생을 치러야 하며, 상황에 따라서는 '3차 세계대전'으로 확전될 수도 있다는 예감을 주변국이 공유해왔기 때문이 아닐까?

역逆 유토피아의 참화를 원하는 국가는 어디에도 없으리라. 아무리 한국이나 북한에 악의를 갖고 그들을 매도하거나 혐오한다 하더라도, 남과 북 사이에 불길이 피어오른다면 반드시 주변국으로 번질 것이기 때문에 결국 개입하지 않을 수 없다. 예전에 후쿠자와 유키치福澤諭吉가 「탈아론脫亞論」(1884년 갑신정변이 실패하고 이듬해에 『시사신보時事新報』에 발표한 사설이다. 일본은 보수적인 청나라, 조선 정부를 버리고 독자적인 길을 가야 한다며 '탈아입구脫亞入歐'를 주장했다—옮긴이)에서 갈파한 것처럼 일본이 동방의 '나쁜 친구(조선)'를 '사절'하려고 해도, 일단 한번 한반도에서 불이 나면 그 불티가 일본열도까지 날아와 참화에 휩싸이고 말 것이다. 받아들이기 어렵지만, 이미 북한은 핵을 보유한 국가이다. 그들과 전쟁을 벌인다면 핵의 참혹한 비극이 반복되지 않는다고 장담할 수 없다.

5장에서 자세히 다루겠지만, 북한과 미국 사이의 긴장이 고조된 2017년 10월에 미국 존스홉킨스대학의 북한 분석 사이트 '38노스38north'(현재는 스팀슨센터Stimson Center 산하)가 실시한 시뮬레이션에 따르면 북한이 서울과 도쿄로 핵미사일을 발사할 경우—북한이 보유한 핵무기의 능력을 폭발력 25킬로톤, 폭발 확률 80퍼센트로 가정했다—두 나라의 수도권에서 사망자 210만 명, 부상자 770만 명이 발생한다. 역설적이긴 하지만 한국과 일본은 핵 위협하에서 순치보거脣齒輔車(이웃 나라가 서로 도와야 함을 비유. 순 망치한脣亡齒寒과 보거상의輔車相依를 결합한 말이다)의 관계가 되지 않을 수 없다. 북한의 비핵화를 위해서는 한국과 일본의 협력이 필수적이다. 또 무슨 일이 있더라도 전쟁만은 피하는 시나리오를 공유한다면 양국의 상호 협조와 공동보조는 한반도와 일본의 평화와 안전에 그 무엇보다 중요한 의미를 지닌다.

지금부터 일본의 미래가 한반도 남북의 화해와 공존, 더 나아가 그 연장선에 놓인 통일을 향한 움직임에 일본이 어떻게 참여하는지에 달려 있음을 밝히고자 한다. 이를 위해서는 먼저 전후 최악으로 간주되는 현재의 한일 관계를, 그리고 이 문제가 어디에서 유래하는지를 짚어볼 필요가 있다.

한일 관계의 네 가지 한계

한국과 일본의 빈곤율과 빈부 격차 같은 통계 자료를 보면 두 나라가 많은 부분에서 마치 쌍둥이처럼 똑같은 과제를 안고 있음을 알 수 있다. 동시에 지리적으로 인접한 한국과 일본은 날카로운 충돌을 거듭해왔다. 현재 양국이 맞닥뜨린 '전후 최악의 한일 관계'를 개선하기 위해서는 지금까지의 경위를 되짚어보며 문제 해결의 단서를 찾아야 한다.

그런데 여기서 중요한 것은 한일 관계의 네 가지 한계를 인식해야 한다는 점이다. 가장 먼저 떠오르는 것은 인구라는 한계이다. 2018년 한국의 출산율은 0.98로 전 세계에서 유일하게 1.0 이하로 내려갔다. 한국의 출산율은 같은 해 출산율 1.42로 역대 최저를 갱신한 일본보다 더 빠른 속도로 줄어들고 있다(한국은 2020년에 출생자 수가 사망자 수보다 적어 처음으로 인구가 감소했다—옮긴이). 한국과 일본은 세계에서 수위를 다투는 '저출산 선진국'이 되었다. 이 상황은 양국의 산업 구조와 고용 형태에 짙은 그림자를 드리운다. 또한 양국의 복지와 사회 제도에도 심각한 영향을 미치며 젊은 세대의 비정규직화와 만혼 등 세대 간 격차 문제를 낳고 있다.

한국과 일본의 현 상황은 포스트 고도성장기로 이행해가는 도중에 벌어지는 것이기에, 양국은 이렇다 할 미래 전망을 찾지 못한 채 장기적 정체 상태로 떠밀려가고 있다. 특히 한국의 경우 자국을 '헬조선'(마치 지옥 같다고 자조적으로 표현한 속어)이라 부르며 신세를 한탄하는 젊은이들의 원망 섞인 목소리가 해외까지 들릴 정도다. 2020년 아카데미상 4관왕에 빛나는 한국 영화 〈기생충〉에서도 이러한 현실을 엿볼 수 있다. 일본의 경우에도 단카이 주니어(전후 베이비붐 세대인 단카이 세대의 자녀로서 버블 붕괴 이후 불어닥친 장기 불황과 경기 침체 속에서 혹독한 고용 한파와 불안정한 일자리, 정리 해고와 실업의 위기를 겪었다. 일본판 '잃어버린 세대lost generation'라고도 불린다. 현재 40대 후반에 접어든 이들의 상대적 빈곤과 높은 비혼율, 히키코모리 등이 문제가 되고 있다―옮긴이) 세대의 취업 빙하기가 남긴 후유증이 심각한 사회 문제가 되었다.

국내에 축적된 불만이 분출구를 찾고 있을 때, 정부는 흔히 여론의 노예가 되곤 한다. 그 결과 "대외 정책은 타협할 것을 목표로 하며 따라서 상대의 목적을 일부 용인하고 자신의 목적을 일부 포기하지 않으면 안 된다"(한스 모겐소, 이호재·엄태암 옮김, 『국가 간의 정치』, 김영사, 2014를 참조하라)는 점을 망각하기 쉽다. 이대로라면 한국 내의 지나친 반일 감정에 선동된 대일 외교와 일본 내의 혐한 감정에 편승한 대한 외교가 강경하게 대치하며 아무런 타협점을 찾아내지 못할 만큼 사태가 악화될 수도 있다.

약간의 시간 차는 있지만 양국은 대량 생산 대량 소비 시대를 넘어 성숙사회mature society(물질적 풍요와 양적 경제 성장을 지향하는 사회를 대신해 정신적·문화적 가치가 주는 질적 풍요를 우선시하는 사회이다―옮긴이)로의 이행을 둘러싸고 분투하는 중이다. 말하자면 두 나라는 서로 마주 보는 거울 같은 관계라고도 하겠다. 이러한 한계를 돌파하기 위하여 공유할 수 있는 지혜와 협력할 수 있는 일들이 있을 것이다. 국가 수준의 험악한 관계와 국민적 반감의 고조에도 불구하고 자치단체 수준에서는 다양한 시도가 이어지고 있는데, 이러한 움직임을 보다 확대해나가야 한다.

첫 번째 한계와 밀착하여 떠오른 두 번째 한계는 바로 지구온난화로 대표되는 환경 문제다. 안전보장과는 다른 차원에서 커다란 위기를 몰고 오는 대규모 자연 재해는 일본열도와 한반도가 함께 직면한 과제이다. 구체적으로는 후쿠시마 제1원자력발전소 사고 이후 한국이 후쿠시마현 등 여덟 개 현의 수산물 수입을 금지하면서 갈등이 일었다. 이를 놓고 양국은 세계무역기구WTO를 무대로 국가의 체면을 걸고 서로 격렬하게 대립한 바 있다. 1심에서는 일본의 주장이 통한 것 같았으나 2심에서 일본이 패소하면서 반한 감정의 불씨가 되었다.

또 한국올림픽위원회가 도쿄올림픽 선수촌에 공급될 식자재의 방사능 오염 가능성을 이유로 자국 선수들에게 본국에서 공수한 식재료를 제공하겠다고 결정하면서 갈등이 증폭되었다. 일본 여론에는 이것이 후쿠시마산 식자재를 선수촌에 제공하여 재해 지역 부흥의 발판으로 삼겠다는 일본 정부의 의도를 무산시키는 방해공작으로 비쳤고, 이는 혐한 감정을 더욱 부추기는 결과로 이어졌다.

앞으로 일본이 후쿠시마 제1원전 내부에 저장하고 있던 오염수를 바다로 방출하기로 결정한다면 한일 간의 갈등이 또다시 불거지리라는 것은 불 보듯 분명하다. 거대 지진과 쓰나미라는 자연재해에서 비롯한 원전 사고는 일의대수一衣帶水(한 줄기의 강. 둘 사이에 강이나 바다가 가로놓여 있어도 멀지 않다는 뜻이다―옮긴이)의 한일 관계를 더욱 복잡하게 비틀어놓는 한계가 되었다.

기후 변화와 환경 문제는 국경을 초월해, 전 지구가 함께 협력해야 하는 공통 이슈이다. 무엇보다 환경에 심각한 위기를 초래하는 원자력에 관해서는 존치냐 폐기냐를 묻기 전에, 이미 존재하는 관련 시설에 대한 국경 없는 상호 감시 시스템을 만들어 투명성을 확보해야만 한다. 전문가 및 기술의 교류, 핵 관련 물질의 관리와 폐기, 더 나아가 향후의 폐로 관리와 그것을 위한 기술 협력 등을 위해 공동 관리 체제를 구축해야 한다. 원자력 재난의 위험은 국경 앞에서 멈춰 서지 않기 때문이다.

그럼에도 원전 사고를 둘러싸고 한국과 일본이 서로의 꼬투리를 잡는 듯한 다툼은 언제부터인가 제로섬 게임의 양상으로 변했고, 국가의 체면이 걸린 갈등이 되었다. 환경 문제가 초래한 한계가 국가의 한계라는 다음 단계로 넘어가 각 나라의 내셔널리즘을 자극하게 된 것이다. 하지만 환경 문제에 관해서는 국경을 초월하는 관리 조직과 규칙을 마련하고, 환경오염과 에너지 문제에 공동 대응할 필요가 있다. 일의대수 사이인 한국과 일본은 더더욱 환경 파괴의 위기를 공유하며 상호 협력해야 한다.

세 번째는 지리정치 및 지리경제의 한계이다. 글로벌화와 함께 전 지구의 지리적 제약이 점차 사라지는 가운데, 유일하게 남은 것이 북한이라는 이경異境이다. 이미 서술한 것처럼 오늘날의 한국은 일본과 미국은 말할 것도 없이 중국, 러시아와도 국교를 정상화했으며 사람들의 이동도 많아졌다. 하지만 북한은 일본이나 미국과는 국가 관계를 맺지 못한 채 적대 행위를 지속하고 있다. 그리고 유엔 결의안 등을 바탕으로 실천해온 남북 교류의 성과였던 금강산 관광과 개성공단의 가동마저 중단했다. 그 결과 동북아시아의 안전보장은 항상적인 지정학적 리스크에 교통과 물류, 무역과 에너지 순환, 그리고 사람들의 이동을 제한하는 한계마저 떠안게 되었다.

유라시아대륙의 끝자락에 위치한 반도 남쪽의 한국은 지리정치적 및 지리경제적 한계 때문에 중국, 러시아 등과 육로로 연결되지 못한 채 '육지의 섬'처럼 고립되었다. 일본은 냉전 시기에 미국의 패권 아래에서 전방위적 통상 국가로서 발전할 수 있었지만, 한국은 오랫동안 일본이 향유해온 자유무역의 과실을 얻지 못했다. 그랬던 한국이 2020년 패스포트 랭킹(비자 없이 체류할 수 있는 국가의 수로 매년 순위를 매긴다—옮긴이)에서 일본(191개국), 싱가포르(190개국)에 이어 독일과 나란히 3위(189개국)로 올라섰다. 한국 국민이 지금처럼 자유롭게 세계 각지로 도항하는 모습을 냉전 시대에는 상상도 할 수 없었다.

그럼에도 불구하고 한국에서 가장 가까운 북한은 변함없이 이경으로 남아 있다. 냉전 시기 한국에게 북한은 국가의 존속을 위협하는 최대의 위험이자 '주적'이었다. 한편 일본에게 북한은 과거에는 종주국과 식민국 관계였으며 지금은 안보의 직접적인 위협으로 간주되기는 하나 한국이나 미국처럼 전쟁 상태를 지속하고 있는 적국은 아니다.

경제적 규모와 중요도로 볼 때 전후 일본에게 북한은, 중국은 말할 것도 없고 동남아시아보다도 중요하지 않았다. 일본은 북한을 주로 냉전하의 안전보장과 지정학적 전략이라는 측면에서만

다루었으며, 한반도를 분단하는 휴전선을 사실상의 이익선利益線 (에도 막부 말, 메이지 초 일본에서 한반도 침략의 명분으로 정한론征韓論이 대두하였다. 특히 일본제국의 3대 총리 야마가타 아리토모山縣有朋는 일본의 독립을 유지하기 위해 주권선(국경)과 이익선(조선)을 지켜야 한다고 주장 했다—옮긴이)으로 받아들였다. 따라서 전후의 일본에게 북한은 줄 곧 이경이었다. 냉전 시대의 일본 여권에 "이 여권은 조선민주주 의인민공화국 외의 모든 나라와 지역에서 유효"하다는 문구가 있 었다는 점이 이를 여실히 보여준다.

이것을 뒤집어보면 사방이 바다로 둘러싸여 세계의 모든 나라 와 이어져 있는 일본이 일의대수의 한반도를 통해 유라시아대륙 으로 직접 연결되는 지리적 가능성을 간과해왔음을 알 수 있다. 전후 일본은 이 지리적 한계를 중국과 러시아라는 대륙국가와의 사이에 완충 지대를 얻기 위해 당연히 치러야 할 그다지 크지 않 은 대가로 간주했다.

하지만 한계를 극복하고 유라시아를 향해 교통과 물류, 에너지 와 인적 교류를 개척해나갈 길이 열린다면, '지리적인 무대 전환' 이라는 새로운 상황이 일본에 커다란 지리경제학적 혜택을 가져 다줄 것이다.

예컨대 유라시아대륙의 부활과 통합을 '슈퍼 대륙Super Continent'이라 부르며 그 다극적 구조의 질서를 형성하는 데 일본이 적 극 관여하라고 주장하는 켄트 콜더Kent Calder의 『슈퍼 대륙: 유 라시아 통합의 지정학*Super Continent: The Logic of Eurasian Integra-*

tion』은 '지리적인 무대 전환'을 내다본 선구적 연구이다. 열도에서 반도로, 더 나아가 북방 유라시아와 발트 3국을 거쳐 EU로, 혹은 중국에서 중앙아시아를 지나 중근동으로 뻗어나가는 '지리적인 무대 전환'은 한일 양국에 커다란 이점으로 작용할 터이다.

물론 북한의 비핵화 등 지정학적 리스크를 제거하는 작업이 반드시 선결되어야 한다. 우리는 북한의 비핵화가 달성되지 않는 한 아무것도 진전되지 않는다고 여길지(All or Nothing), 아니면 남북관계를 포함하여 북미, 북일 간 교류를 단계적으로 진행하면서 그에 대응하여 비핵화를 점진적으로 추진할 것인지에 대한 전략적 선택이 필요한 지점에 서 있다고 할 수 있다. 이는 결코 물과 기름처럼 섞일 수 없는 딜레마가 아니다. 한국과 일본이 함께 손을 잡고 그 타협점을 모색하며 협력해나가는 것은 불가능한 일이 아니다.

한국과 일본은 공통의 한계를 넘어 평화를 협력의 미래를 개척하기 위해 힘을 합쳐야 하는 관계이다. 그럼에도 과거사 문제가 지리적 한계와 겹쳐지며 역효과를 일으키고 한일 간의 구심력을 갉아먹고 있다. 역사 문제라는 네 번째 한계가 한일 양국에 깊은 불신과 대립을 초래한 것이다.

그런데 역사 인식의 한계가 두 나라 사이에 부상한 것은 1980년대 초 이후이다. 왜 그 전에는 역사 인식이 큰 문제가 되지 않았을까? 그리고 왜 이렇게 심각해진 것일까? 지금부터 그 경위를 살펴보자.

애매모호한 합의

한국과 일본의 국교 정상화가 이루어진 것은 1965년이다. 그때까지 국교 정상화가 미루어진 이유 가운데 하나는 1951년 「샌프란시스코강화조약」의 참가국에서 한국이 제외되었고, 그 결과 일본은 한반도 남북의 두 나라와 각각 교섭을 추진해야 했기 때문이다. 그리고 거기에는 36년간의 식민 지배를 어떻게 청산할 것인가라는 문제가 걸려 있었다.

「샌프란시스코강화조약」은 일본 패전의 원인이 된 제국주의와 식민지 문제를 명확하게 해결하지 않은 채, 남은 문제는 당사국이 직접 교섭하라고 미루었다. 일본에서는 전쟁 전 일본의 과오過誤는 중국 침략을 본격화한 만주사변(1931)에서 시작되었다는 견해가 일반적이다. 한편으로는 시바 료타로司馬遼太郞의 소설 『언덕 위의 구름坂の上の雲』에 전형적으로 드러나듯, 메이지유신부터 청일전쟁, 러일전쟁까지를 근대 국가가 수립되는 과정으로 오히려 긍정적으로 해석하는 경우가 많다. 식민 지배 시기에 건설한 철도와 항만이 한국의 경제 발전에 기여했다는 의식도 뿌리 깊게 남아 있다.

하지만 한국 입장에서 보면 조선이 일본과 불평등 조약(1876년의 「강화도조약」)을 맺은 뒤 청일전쟁, 러일전쟁을 거쳐 강제 병합되는 전 과정은 위안부와 강제징용 피해자를 낳은 고통스러운 수난 시대의 시작이었을 뿐이다. 또한 한국에서는 남북 분단의 원인을 일본의 식민지 지배에서 찾는 견해가 지배적이다. 일본에게는 '영광의 역사'이지만 한국에게는 '굴욕의 역사'인 것이다. 이 선명한 차이로 인해 '근대'라는 이름으로 구획된 시대는 일본에서는 국민적 결속과 노력이 이끈 영광의 시기가 된 반면, 한국에서는 "상승과 하강을 가리키는 잣대 위의 기호"(브루스 커밍스, 『브루스 커밍스의 한국현대사』를 참조하라)에 지나지 않는다. 끔찍한 내전을 겪은 한국은 「한일 기본조약」이 체결될 때까지도 그 잣대의 밑바닥에서 벗어나지 못했다.

한국과 일본 사이에 존재하는 국민국가로서의 정체성 차이 때문에 한일 국교 정상화 교섭은 난항을 거듭했으며 또 「한일 기본조약」이 체결된 뒤에도 불씨가 남았다.

「샌프란시스코강화조약」이 체결될 때(1951년 9월) 한반도는 동족상잔의 전쟁이라는 홍역을 앓고 있었다. 한국에 대한 일본의 지지와 원조를 기대한 미국은 한일 관계의 재구축을 적극적으로 지원했다. 각각 미국의 동아시아 정책의 허브(중심축)와 스포크(바큇살, 주변 거점)로 묶여 있던 일본과 한국은, 서로 교섭하기보다는 미국을 사이에 두고 흥정을 했다. 양쪽의 주장은 자주 대립했고 1953년의 한일회담은 일본의 식민 지배를 긍정한 구보타 간이치로久保田貫一郎의 발언("일본은 36년간 철도를 건설하고 농지를 늘리는 등 한국인에게 많은 이익을 주었다. 일본이 진출하지 않았더라면 한국은 중국이나 러시아에게 점령되어 더욱 비참한 상태에 놓였을 것")으로 인해 중단되었다.

그 뒤 베트남전쟁이 수렁에 빠지는 가운데 양국의 국교 정상화를 재촉하던 미국은 개입의 수준을 높였고, 1962년 양국은 원칙적 '타결'에 이르렀다. 하지만 식민지 지배에 대한 배상·보상이 아니라 '경제 협력 방식(무상 3억 달러, 유상 2억 달러)'이라는 합의는 한미일 3국의 공조로 중국과 북한을 봉쇄하려는 미국의 동북아시아 냉전 전략과 반공의 보루로서 일본을 중시하는 방침에 기반한 것이었다. 미국의 냉전 전략과 전후 처리 문제를 결합하려는 일본 측의 의향이 일본의 경제 협력을 지렛대로 경제적 곤경에서 벗어나려는 한국의 박정희 정권의 의도와 맞아떨어지며 양국은 가까스로 조약을 체결하게 되었다.

당시의 일본은 미일 안보 개정의 혼란을 뒤로 하고 이케다 하야토池田勇人 내각이 소득 증대 계획('국민소득배증계획')을 내세워 고도성장을 추진했고 1964년 도쿄올림픽 개최를 계기로 약진했다. 이에 비해 1961년 쿠데타로 권좌에 앉은 박정희는 경제개발 5개년 계획을 추진하며 일본의 경제 협력을 경제적 도약의 기폭제로 삼고자 했다.

이처럼 양국이 서로 다른 의도로 맺은 「한일 기본조약」은 해석을 둘러싼 깊은 골을 내포하고 있었다. 조약 제2조에는 "1910년 8월 22일 및 그 이전에 대한제국과 대일본제국 간에 체결된 모든 조약 및 협정이 이미 무효임을 확인한다"고 쓰여 있다. 그런데 '이미(일본어로는 もはや)'라는 단어는 양국의 의견 대립을 애매하게 마무리한 타협의 산물이다. '이미 무효'에 대한 양측의 해석은 달랐다. 한국은 '1910년의 「한일 병합조약」은 일본이 힘을 배경

으로 한국의 주권을 짓밟고 맺은 것으로 체결 단계부터 불법', 즉 원천 무효라는 입장을 굽히지 않았다. 이는 「한일 병합조약」의 합법성을 주장하는 일본의 인식과는 큰 차이를 보였다. 이 서로 다른 두 시각은 지금도 평행선을 달리고 있다.

애매모호한 합의는 한국과 북한의 정통성에 관한 문제에도 드러나 있다. 「한일 기본조약」 제3조에는 "대한민국 정부가, 국제연합 총회의 제195(III)호에 명시된 바와 같이, 한반도에 있어서의 유일한 합법 정부임을 확인한다"라고 되어 있다. 한국 측은 이를 한국 정부야말로 한반도의 유일한 합법 정부임을 확정한 것으로 해석한다. 반면 일본은 이 조문에 관해 한국 정부가 휴전선 남쪽을 실효적으로 관할하고 있다는 사실을 확인한 것에 지나지 않는다고 간주한다. 일본 정부로서는 북한과 교섭할 여지를 남겨둘 필요가 있었기 때문이다.

패전 후 일본에는 150만 명 혹은 200만 명으로 추산되는 한반도 출신자가 거주하고 있었다. 참혹한 한국전쟁이 한창이던 조국으로 돌아가지 못하고 일본에 남기를 선택한 60여 만 명의 재일한국인·조선인 가운데 재일한국인에 대해서는 「한일 기본조약」에 부속된 「대한민국과 일본국 간의 일본에 거주하는 대한민국 국민의 법적 지위와 대우에 관한 협정」에 의해 영주권이 인정되었다. 하지만 일본의 관심은 어디까지나 재일한국인·조선인의 송환에 있었다. 「한일 기본조약」을 체결하기 전에 일본은 북한과 「적십자협정」(1959년 8월 13일 조인)을 맺고 북송 사업(귀국 사업)을 시작했다. 이때 9만여 명의 재일한국인·조선인 외에 2000명의 일본인 배우자가 북한으로 함께 갔다. 또한 1945년 패전의 혼란 속에서 본국으로 돌아오지 못하고 세상을 떠난 일본인의 유골이 북한에 2만 구 이상 있다고 알려졌다. 따라서 북한과의 관계 단절을 피하자는 것이 일본 정치권의 공통된 인식이었다.

그러나 「한일 기본조약」 조문의 현실적 운용이 한국의 해석에 가까워지면서 북일 교섭은 제약을 받았고, 그 결과 일본과 북한은 70년 이상 국교를 체결하지 못한 채 비정상적 상태로 이어지게 되었다.

유상·무상 5억 달러와 무역 흑자

「한일 기본조약」과 동시에 「대한민국과 일본국 간의 재산 및 청구권에 관한 문제의 해결과 경제 협력에 관한 협정」(이하 「청구권협정」), 「대한민국과 일본국 간의 어업에 관한 협정」, 「대한민국과 일본국 간의 일본에 거주하는 대한민국 국민의 법적 지위와 대우에 관한 협정」, 「대한민국과 일본국 간의 문화재 및 문화 협력에 관한 협정」 등 4개의 협정이 체결되었다. 그런데 「청구권협정」의 제2조 제1항 "양 체약국은 양 체약국 및 그 국민(법인을 포함함)의 재산, 권리 및 이익과 양 체약국 및 그 국민 간의 청구권에 관한 문제가 1951년 9월 8일에 샌프란시스코시에서 서명된 일본국과의 평화조약 제4조 (a)에 규정된 것을 포함하여 완전히 그리고 최종적으로 해결된 것이 된다는 것을 확인한다"에서 '완전히 그리고 최종적으로 해결된 것'이라고 적힌 부분에 관해서도 양국의 해석은 다르다. 일본은 강제징용 피해자를 포함한 개인에 의한 청구권도 「청구권협정」에 의해 전부 포기했다고 해석하지만, 한국은 이 조약으로 국가의 청구권은 포기하지만 개인의 청구권까지 포기한 것은 아니라고 주장하며 한국 내에서는 이를 침략을 멍기한 배상 조약으로 개정해야 한다는 목소리도 적지 않다.

여기에는 일본군위안부와 강제징용 피해자 등의 개인 청구권을 둘러싼 쟁점이 겹쳐 있다. 일본 측 주장에는 '일본은 5억 달러의 경제 협력을 통해 한국의 경제 성장을 지원했기 때문에 그것으로 배상 혹은 보상이 끝났다'는 의도가 보인다. 하지만 최종적으로 민간의 상업 차관 3억 달러를 더하여 총 8억 달러를 원조한 당시의 경제 협력 방식은 일본의 한국 경제 진출과 결합된 조건부 원조였으므로, 한일 국교 정상화는 일본에게 유리하게 작용했다고 할 수 있다.

예를 들어 한국의 대일 무역 적자는 「한일 기본조약」이 체결된 1965년 이래 50년간 60조 엔 이상으로, 한국은 미국·중국과 함께 일본의 중요한 수출 상대국이었다. 그러나 경제 협력 방식이었다고 할지라도 일본의 원조가 불과 10여 년 전에 참혹한 전쟁을 치르고 또 군사 쿠데타로 인한 정치 혼란까지 겪던 한국이 경제적으로 도약하는 데 방아쇠 역할을 한 것 또한 사실이다.

'판도라의 상자'를 열다

 냉전의 한복판에서 맺은 「한일 기본조약」이 규정한 한일 관계를 '한일조약 체제'라고 부른다면, 이 체제는 베트남전쟁이 끝나는 1975년까지 다소 잡음은 났지만 꽤 안정적으로 유지되었다고 할 수 있다. 하지만 1982년 교과서 파동(일본 문부성이 출판사에 일본의 '침략'을 '진출'로 기술하도록 지시했다는 언론 보도와 함께 외교 문제로 떠올랐다—옮긴이) 이후 판도라의 상자가 열리기 시작했다. 결정적 변수는 냉전의 종식과 1987년 이후 진전된 한국의 민주화였다. 이에 냉전 구조와 한국의 독재 체제를 전제로 한 한일조약 체제가 내포하고 있던 모순이 분출되기 시작했다. 특히 1991년에는 고故 김학순을 비롯한 35명의 일본군위안부 피해자가 일본 정부를 상대로 피해 보상 청구 소송을 시작했다. 이는 그때까지 국가의 이해관계 아래에 억눌려 있던 식민지 지배 피해자들이 목소리를 내기 시작하는 계기가 되었다. 1965년 당시에는 거론되지 않았던 재한 피폭자와 재사할린 한국인 등의 문제도 점차 드러났다.
 일본 정부는 1993년에 일본군위안부의 강제성을 인정하고 사죄한 고노 담화를, 전후 50년을 맞는 1995년에는 과거 식민지 지배를 공식 사죄한 무라야마 담화를 발표했다. 당시 무라야마 내각은 일본군위안부를 포함한 전쟁 피해자의 배상 청구에 관해 이미 법적으로는 종결된 사안이라는 입장을 유지하면서도 "전 국민적 속죄의 기분"을 표하고 "여성을 둘러싼 현재적 문제의 해결"을 위하여 "여성을 위한 아시아 평화 국민 기금(아시아여성기금)을 설립"
했다. 기금은 정부 보조금 4억 8000만 엔에 국내외에서 모금한 6억
엔을 더하여 한국, 타이완, 필리핀 등에서 사업을 전개했다(이 사업
은 2007년에 종료 후 해산하였다).

'아시아여성기금'은 실질적으로는 일본에 의한 배상償い(아시아
여성기금이 제시한 '쓰구나이킨償い金'이라는 말을 번역하면 '속죄금'에 가
깝다. 그 정확한 성격에 대한 논란과 더불어 정식 보상이 아니라 법적 보상을
회피하기 위한 도의적 명목의 모금을 통한 '위로금'이라는 비판이 일면서 문
제 해결은 좌초되었다─옮긴이)이었다고 볼 수 있다. 하지만 이것이
일본 정부의 보상이 아니라는 점 때문에 한국 여론이 반발하고,
배상금을 받은 위안부 피해자를 비판하는 등 문제는 점점 더 복잡
한 미로 속으로 빠져 들어갔다.

희망에서 갈등으로

1965년 이후 한일 양국은 건설적 관계를 구축하기 위하여 다양
한 노력을 해왔다. 그 상징적인 성과가 1998년 10월 8일 도쿄를
방문한 김대중 대통령이 오부치 게이조 일본 총리와 발표한 「한
일 파트너십 공동선언」이다. 이를 통해 양국은 과거의 식민 지배
에서 발단한 역사 문제에 일단 선을 긋고, 한국은 그때까지 금지
했던 일본 대중문화를 해금하는 등 두 나라의 관계가 급속하게 개

선되었다. 아시아 외환 위기로 큰 타격을 입은 한국을 일본이 지원한 일도 해빙에 일조했다.

2002년 한일이 공동 개최한 월드컵, 그리고 2003년에 일본에서 방영된 드라마 〈겨울 연가〉의 폭발적 인기는 일본 사회에 한류붐을 촉발했다. 2000년의 남북 정상회담이 이끌어낸 화해 분위기도 남아 있던 터라, 이 시기에 동북아시아 지역은 전례 없는 희망으로 가득했다. 현재가 '전후 최악의 한일 관계'라면 1998년부터 2004년 즈음의 몇 년은 '전후 최고의 한일 관계'라고 할 만했다.

하지만 훈풍의 이면에서 일본 측의 반동이 싹트기 시작했다. 그 계기는 2002년 고이즈미 방북 때 갑자기 터져나온 납치 문제이다. 무고한 시민을 납치한 북한에 대한 분노는 '범죄 국가' 북한과 화해를 추진하는 한국에 대한 불신과 혐오로 이어졌다. 때마침 '인터넷 사회'의 도래로 널리 퍼지기 시작한 혐한 콘텐츠는 2005년에 야마노 샤린山野車輪이 그린 『만화 혐한류マンガ嫌韓流』라는 명확한 형태로 나타났다. 2005년은 북한이 핵 보유를 공식화한 해이기도 하다. 북한의 위협이 일본의 한국에 대한 인식에 미친 영향도 적지 않았으리라. 동시에 이해는 한일 국교 정상화 40주년이기도 했다. 한국에서는 한일 국교 정상화 교섭을 재검토하자는 논의가 있었다. 일본군위안부, 재한 피폭자, 재사할린 한국인들이 잇달아 개인 청구권을 주장하며 한국 법원에 소송을 제기하였다. 이 가운데에는 현재 커다란 쟁점이 된 강제징용 재판도 포함되어 있다.

다른 한편으로 고이즈미 총리가 2001년부터 2006년까지 6번에 걸쳐 A급 전범이 합사된 야스쿠니신사를 참배할 때마다 한국과 중국 등 주변국이 반발했고, 우호적 한일 관계 속에 눌려 있던 역사 문제가 수면 위로 떠올랐다. 고이즈미 총리와 노무현 대통령의 사이가 친밀하지 않았다는 점도 한일 관계에 그늘을 드리웠다. 또 2005년에 시마네 현의회가 '다케시마의 날'을 조례로 제정하자 한국과 일본 양쪽에서 일제히 '독도/다케시마는 우리나라 고유의 영토'라고 목소리를 높였다. 이로써 「한일 기본조약」에서 합의하지 못한 영토 문제가 다시 불거졌다.

한편 일본 사회에서 '혐한'이 확산되기 시작한 2006년은 핵심적 보수층을 지지 기반으로 하는 1차 아베 정권이 탄생한 해이기도 하다.

미국이 불을 지핀 '역사전쟁'

한미일 삼국의 협력, 그리고 이를 바탕으로 안전보장·경제 협력을 역사 문제와 분리해 우선 관리한다는 한일 양국의 기조가 뒤집힌 것은 2007년이다. 아베 정권은 고노 담화를 계승한다는 입장을 분명히 하면서도 국회에서 "좁은 의미의 강제성을 뒷받침하는 증거는 없었다"라고 답변하였고, 내각회의는 "정부가 발견한 자료 중에서는 군과 관헌에 의한 이른바 강제 연행이 직접적으로 드러난 기술을 찾을 수 없었다"라는 정부 답변서를 채택했다. 이러한 입장이 해외 언론의 공분을 샀고, 아베 정권은 총리 취임 후 첫 미국 방문을 앞두고 불을 끄기에 바빴다.

한편 2007년 1월 미 하원 외교위원회에 '일본 정부는 위안부에게 사죄해야 한다'는 결의안(하원 121호 결의)이 제출되었다. 이 결의안을 제출한 이는 캘리포니아주의 일본계 미국인 마이크 혼다 Mike Honda 의원이다. 미 하원에서 이 결의안을 채택하는 것을 막기 위해 일본 정부와 주미 일본대사가 관계자들에게 압력을 가하고 보수 논단이 미국 신문 『워싱턴포스트』에 전면 광고를 내기도 했다. 하지만 민주당의 지지를 받은 이 결의안은 외교위원회에서 찬성 39표, 반대 2표로 통과되고, 하원 본회의에서도 가결되었다. 비슷한 결의가 네덜란드 하원의회와 캐나다 하원, 유럽의회, 필리핀 하원 외교위원회 등에서도 가결되면서 일본군위안부는 이제 한일 양국의 역사 문제를 넘어 국제적 여성 인권 문제가 되었다.

1차 아베 정권의 외교 방침인 '가치관 외교'는 당시 부상하던 중국을 의식하여 자유주의, 민주주의, 기본적 인권, 법치, 시장경제라는 '기본 가치'를 공유하는 나라와 관계 강화를 꾀했다. 한국은 그중에서도 가장 중요한 파트너였다. 한국은 "자유, 민주주의, 기본적 인권 등의 기본적 가치와 지역의 평화와 안정을 확보하는 등의 이익을 공유하는 일본의 가장 중요한 이웃 나라"라는 표현이 2014년 『외교청서』에 계승되어 있다. 하지만 2007년 이후 격화된 역사전쟁은 일본의 외교 파트너로서의 한국의 위상을 조금씩 바꾸어놓기 시작했다.

어지러운 일본 정치와 간 담화

1차 아베 정권, 후쿠다 정권, 아소 정권, 그리고 2009년의 정권 교체로 탄생한 하토야마 유키오鳩山由紀夫 정권, 간 나오토菅直人 정권, 노다 요시히코野田佳彦 정권은 모두 1년 전후의 짧은 기간 동안 집권했다. 이 시기 내내 일본에서는 정치적 혼란이 이어졌다. 후쿠다 총리가 제창한 중국·한국으로 중점을 옮기는 동아시아 외교, 하토야마 유키오 총리가 시도한 '동아시아 공동체 구상'을 제외하면 일본 정치권은 지역주의적 비전을 제시하지 못했다. 설사 일본이 어떤 획기적 비전을 제시했다고 해도 당시 한국은 남북 분단의 고착화에 집착하던 이명박 정권이었으므로 그 시도는 힘을 받지 못했을 것이다. 더욱이 일본의 민주당 정권은 센카쿠열도 문제 등 외교에서도 미숙함을 드러내면서 국내외의 실망을 불러일으켰다.

그럼에도 주목할 점은 한일 병합 100년째인 2010년에 간 총리가 발표한 '간 담화'이다. "3·1독립운동 등의 격렬한 저항에서도 드러난 것처럼 정치적·군사적 배경 아래 당시의 한국인은 그들 뜻에 반하여 행해진 식민지 지배에 의해 국가와 문화를 빼앗기고 민족의 자긍심에 깊은 상처를 받았습니다." 이에 "식민지 지배가 초래한 커다란 손해와 고통에 대하여 여기에서 다시 한 번 통절한 반성과 마음으로부터의 사죄를 표명"한 이 담화는 식민지 지배에 대한 일본의 입장을 다시 확인하는 것이 되었다. 간 담화의 "앞으로의 100년을 바라보고 미래 지향의 한일 관계를 구축"하자는 말은 「한일 파트너십 공동선언」의 연장이다. 더욱이 한일 양국은 "민주주의와 자유, 시장경제라는 가치를 공유하는 가장 중요하고 긴밀한 이웃 나라"이자 "지역과 세계의 평화와 번영을 위하여 함께 협력하여 리더십을 발휘하는 파트너 관계"라는 점을 강조했다. 하지만 실제 한일 관계는 간 담화와 정반대로 흘러갔다.

이명박이 밟은 지뢰

앞에서 말한 것처럼 일본에서 혐한은 2005년 즈음부터 눈에 띄기 시작했다. 그러나 혐한을 관과 민이 함께 공유하게 된 것은 이명박 대통령이 정권 말기에 행한 독도 방문과 천황에 관한 발언 때문이다. 이후 혐한이 대중 사이로 폭넓게 퍼지기 시작했다. 2012년 내각부가 실시한 '외교에 관한 여론조사'에서 한국에 친밀함을 느낀다고 응답한 사람은 이전 조사의 절반인 30퍼센트 수준으로 급락했다.

김대중과 노무현, 두 대통령을 통해 이어진 민주·진보 계열 정권이 끝나고 이명박 정부가 출범한 2008년, 일본은 이러한 정권 교체에 호의적 반응을 보였다. 한국의 주도로 남북이 가까워지는 상황을 경계하던 터라 남북 화합에 부정적인 이명박을 높이 평가했고, 역사 문제에 관해서도 입장 차이를 좁힐 수 있을 것이라고 기대했다. 실제로 이명박 대통령은 5·18광주민주화운동 기념식에 참석하지 않는 등 민주화운동에 역행하는 모습이 두드러졌다. 그러자 남북 관계의 진전에도 제동이 걸렸다.

동일본대지진 발생 두 달 뒤인 2011년 5월, 일본에서 한중일 정상회담이 열렸다. 이때 한국과 중국의 두 정상이 피해 지역을 방문하고 재난 관리 협력 체제를 확인하는 등, 민간에서 역사 문제가 부상하는 중에도 정부 간의 관계는 대체로 안정적으로 유지되고 있었다. 한일의 셔틀 외교는 일상적인 것이었으며 같은 해 12월과 다음 해 5월에는 노다 총리와 이명박 대통령의 정상회담도 개최되었다. 하지만 그다음 회담이 열린 것은 3년 반이나 지난 뒤로, 이는 무척 이례적인 사태였다.

먼저 후쿠시마 제1원자력발전소 사고의 영향으로 한국이 동일본 여덟 개 현의 수산물을 수입 금지하면서 마찰이 생겼다. 이명박은 한일 간의 경제 관계를 구축하는 데 열심이었기 때문에 역사 문제에 관해서는 일본을 배려하는 자세를 취하고 있었다. 그런데 2011년 8월 한국 정부가 일본군위안부 문제의 해결을 시도하지 않는 것은 '행정 부작위'라는 한국 헌법재판소의 위헌 판결이 나오면서 분위기가 달라졌다. 같은 해 12월에는 서울의 일본대사관 바로 앞에 위안부 피해자를 상징하는 동상이 설치되는 등 일본군위안부 문제를 둘러싼 한국의 여론이 날로 격해졌다. 헌법재판소의 결정과 여론을 의식하지 않을 수 없었던 이명박은 2011년 12월 양국 정상회담에서 "위안부 문제에 관하여 한국이 원하는 성의를 보이지 않는 한, 새로운 위안부상이 계속 건립될 것"이라고 일본을 압박했다. 하지만 상황은 타개되지 않았다.

2012년 8월 이명박은 한국 대통령으로는 처음으로 독도에 상륙하여 "독도는 한국의 영토이다"라고 선언했다. 이어서 한국이 요청한 일본 천황의 방한과 관련하여 "(일본의 식민 지배에 맞서다) 돌아가신 독립운동가들을 찾아가서 진심으로 사죄할 생각이면 오라고 (일본 측에) 말했다"고 밝히며 천황의 사죄를 요구했다. 그러자 일본 정부가 주한대사를 일시 귀국시키는 등 양국 관계가 순식간에 얼어붙었다.

역사의 귀태

2012년 12월 총선거에서 크게 승리를 거둔 자민당이 다시 정권을 쥐면서 2차 아베 정권이 출범했다. 이듬해 2월 한국에서는 박근혜가 대통령에 취임하면서 보수 정권이 이어졌다. 박근혜의 부친 박정희는 식민지 시기에는 만주의 구일본군 육군사관학교에서 교육을 받았고, 대통령이 된 뒤에는 '반공'이라는 미명하에 민주화운동을 탄압했다. 박근혜는 전쟁 전의 일본과 깊이 관련 있으며 '친일', '반공', '친미'를 내세우는 한국 보수파의 흐름을 잇는 상징적인 정치가이다. 또한 그는 만주국 정부에서 사실상의 '경제 총리'였던 기시 노부스케岸信介의 외손자인 아베 신조와 역사적 인연을 가졌다고도 할 수 있는 관계였다. 그런 박근혜가 '일본 군위안부 문제가 해결되지 않는다면 아베 총리와 회담을 하지 않겠다'는 단호한 태도를 견지했으니, 새 정권에서도 얼어붙은 한일 관계는 녹을 기미가 보이지 않았다.

박근혜 정권이 중국 쪽으로 크게 기울어지는 경향을 보이면서 한일 사이의 균열이 한층 더 심각해졌다. 대통령에 취임한 박근혜는 취임 후 가장 먼저 미국을 방문하고, 그다음에 일본을 찾던 기존의 관례를 깨고 중국을 예방했다. 박근혜 정권이 중국을 중시하는 것이 선명해지면서 한국과 중국의 경제적·인적 교류도 큰 폭으로 늘어났다. 2015년 중국의 '항일전승 70주년' 군사 퍼레이드에 참관한 박근혜가 시진핑習近平, 푸틴Vladimir Putin과 나란히 서 있던 광경은 일본을 충격에 빠뜨렸다. 한국과 중국의 밀월은 미국의 미사일방위구상MD(Missile Defence)에 따라 한국에 사드 THAAD(Terminal High Altitude Area Defence missile, 종말고고도방위미사일)가 배치되기 전까지 이어졌다.

반면 한일 관계는 악화일로였다. 『산케이신문』의 서울 지국장 가토 다쓰야加藤達也가 세월호 침몰 당일 박근혜 대통령의 행적을 거론했다가 명예훼손으로 기소되기도 했다. 그 영향으로 2015년 『외교청서』는 한국과 "자유, 민주주의, 기본적 인권 등의 기본적 가치와 지역의 평화와 안정을 확보하는 등의 이익을 공유하는" 이라는 표현을 삭제하고 "가장 중요한 이웃 나라"라는 표현만 남겼다.

종래에 고노 담화와 무라야마 담화에 비판적이었음에도 불구하고 아베는 "고노 담화를 재검토할 생각은 없다"고 밝혀왔다. 그러나 다른 한편으로 고노 담화의 작성 과정 등을 검증하기 위한 전문가 팀을 발족하여 2014년 6월에 보고서를 공표했다. 1993년의 고노 담화는 "일본군위안부를 군의 요청을 받은 업자가 모집"했음을 명시하였는데, 이는 한국과 '강제성' 관한 표현을 조정한 결과였다. 2014년 아베 정권의 시도에 대해 한국에서는 '결국 고노 담화를 재검토하는 것 아니냐'는 의심이 커졌다.

2015년 아베 총리는 전후 70년 담화에서 "통절한 반성과 마음으로부터의 사죄를 표명"해온 "역대 내각의 입장은 앞으로도 흔들리지 않을 것입니다"라고 밝히면서도, "우리 아이들과 자손 그리고 그다음 세대의 아이들에게 사죄를 이어가는 숙명을 짊어지게 해서는 안 됩니다"라는 말을 덧붙여 한국을 견제했다. 그 결과 한국에서 아베 담화에 관한 부정적인 평가가 확산되었다.

「위안부합의」의 내막

2015년 12월, 한일 관계의 악화가 양국 간 민간 교류까지 어렵게 할 것을 우려한 미국 오바마 정부가 양국에 타협을 종용했다. 그 결과 "최종적 그리고 불가역적 해결"로서 「위안부합의」가 맺어졌다. 아베는 일본 총리로서 "다시 한 번 위안부로서 수많은 고통을 경험하고 심신에 치유할 수 없는 상처를 입은 모든 분에게 마음속으로부터 사죄와 반성의 뜻을 표명"했다. 이어서 한국 정부가 '위안부지원재단'을 만들면 일본 정부가 여기에 10억 엔을 출연하기로 했다. 아베의 입장에서 보면 자신의 지지 기반인 우파의 반대를 물리치고 아슬아슬한 지점까지 다가간 '힘든 결정'을 내린 것이었으리라. 마찬가지로 박근혜 정권도 미국의 압력을 어쩔 수 없이 따랐다는 점에서, 이 합의는 애초에 형식뿐이었다는 비판을 면하지 못하리라. 그 뒤 북한을 견제하려는 미국의 압력에 의해 한미일의 대북 공조가 강화되는 가운데, 2016년 11월에는 한국과 일본의 방위 협정인 지소미아가 체결되었다.

그러나 한국 국민이 「위안부합의」를 받아들이지 못하면서 위안부 문제의 최종적이고 불가역적인 해결은 실현되지 않았다. 대한민국 헌정 사상 최초로 박근혜가 대통령직에서 파면된 뒤 차기 대통령에 당선된 문재인은 「위안부합의」의 이행에 제동을 걸었다. 「위안부합의」는 정부 간의 공식 결정 사항이다. 때문에 2017년 5월 대통령에 취임한 문재인은 '한일 합의 재교섭'이라는 공약을 실행할 수 없었지만, 이 합의의 결과로서 위안부 피해자 지원을 위해 설립된 '화해치유재단'을 2018년 11월에 해산시켰다. 이에 대해 일본이 합의 위반이라고 강하게 항의하면서 한일 관계는 수렁에 빠졌다.

강제징용 문제의 역사적 단층

위안부 문제를 둘러싼 한국과 일본의 역사전쟁은 「위안부합의」로 봉합된 듯 보였지만, 문재인 정부의 출범 이후 위안부 문제뿐 아니라 강제징용 문제의 뚜껑까지 다시 열리고 말았다. 화해치유재단을 해산하기 한 달 전인 2018년 10월, 한국 대법원은 강제징용 피해자 4명에게 배상금 합계 4억 원을 지불하라고 신일철주금(현 일본제철)에 명했다. 이는 1965년의 「한일 기본조약」에 의해 '개인에 의한 청구권까지 전부 포기되었다'는 일본의 입장을 부정한 판결이다. 한국 정부가 인정한 강제징용 동원 피해자는 22만 명에 이른다. 현재 70개 이상의 일본 기업에 대해 강제징용 소송이 제기된 상황에서 이 판결 이후 강제징용 문제가 한일 대립의 최대 쟁점으로 떠올랐다.

여기에서 다시 한 번 강제징용 피해자 문제를 살펴보도록 하자. 전시에 국내 노동력이 고갈된 일본은 중국과 한반도에서 많은 노동자를 동원했고 이들은 태평양전쟁 후반부에 일본의 인프라를 지탱하는 중요한 노동력이 되었다. 앞서 강제징용 피해자에 대한 배상 소송이 일본에서도 제기되었지만 전부 원고 패소했다. 한국에서의 소송도 하급심에서는 패소했으나 2012년 5월에 대법원이 "일본의 판결은 식민지 지배가 합법이라는 인식을 전제로 하고 있으므로 한국 헌법의 가치관에 반한다"라며 고등법원으로 파기환송했다. 이후 고등법원은 배상을 인정했고 대법원에서 이를 확정한 것이다.

이에 대하여 일본 측은 '국제법에 비춰볼 때 있을 수 없는 판결'이라고 강하게 반발했다. 문재인 정부는 강제징용 피해자에 대한 일본 기업의 배상금 지불 문제는 민사 소송이므로 정부는 관여하지 않는다는 태도를 취했다. 노동·인권 변호사였던 문재인 대통령은 예전에 강제징용 소송에 관여한 적이 있으며, 일본의 해석이 어떻든 이 문제는 민사 소송으로 해결하는 것이 타당하나는 입장에서 물러나지 않았다.

일본에서는 '국제적 합의를 뒤집다니', '한국을 신용할 수 없다'라는 분노의 목소리가 들끓었다. 한국에서는 '일본에서의 강제징용 피해자 재판이 비록 한국 국민에게 불리한 것이었다고 하더라도 우리 정부는 비난한 적이 없는데, 한국의 민사 재판에 일본 정부가 이의를 제기하는 것은 한국의 삼권 분립에 대한 개입이다'라고 강하게 반발했다. 사법 개혁을 추진하고 있던 문재인 정권은 삼권 분립을 명분으로 대법원 판결에 개입하지 않고 일본의 항의에 대응하지 않았다. 이것을 두고 일본에서는 문재인 정부를 '반일 정권'으로 이해해버렸다. 이처럼 강제징용 피해자에 대한 판결은 한국에 대한 일본의 불신과 반발에 결정적인 영향을 끼쳤다.

일본 불매운동의 영향

2019년 8월 일본은 한국을 수출 관리 화이트국에서 제외했다. 대량 살상 무기 등의 확산 방지를 목적으로 한 수출 관리 체제를 갖춘 일본은 미국, 영국, 프랑스 등 27개국을 화이트국으로 지정하고 수출 절차의 간소화 등 우대 조치를 해왔다. 2004년에는 아시아에서 유일하게 한국을 화이트국으로 지정했다. 그랬던 일본이 이번에는 '무기로 전용할 수 있는 전략물자가 밀수되는 등, 한국의 안전 관리에 문제가 있다'는 이유를 들며 제외한 것이다.

일본은 강제징용 재판 결과에 대한 대응 조치가 아니라고 주장했지만 한국은 그렇게 받아들이지 않았다. 한국 측은 자국의 안전 관리에 문제가 없다는 근거로 미국의 싱크탱크 과학국제안보연구소ISIS가 세계 200여 개국의 '전략물자무역관리제도'를 평가해 순위를 매긴 위험행상지수PPI(2019년 5월 기준)를 제시했다. 이 지수로 보면 한국은 17위로, 36위인 일본보다 안전 관리를 잘하고 있다는 것이다. 그러자 ISIS의 신뢰성과 그 평가의 정확성 등을 둘러싼 논쟁이 꼬리를 물고 이어졌다. 무역 갈등이 해결될 실마리가 보이지 않자 이번에는 한국이 같은 해 9월 '일본의 조치에 대한 대응이 아니라 우리나라의 수출 관리 체제의 강화를 위하여'라는 이유를 대며 일본을 화이트국에서 제외하기로 결정했다. 양측은 모두 겉으로는 '보복이 아니다'라고 주장했으나 실제로는 눈에는 눈이라는 식으로 대응하며 현재에 이르렀다.

'화이트국 제외'는 '수출 규제'라기보다, 반도체 재료 세 품목과 화학, 금속, 정밀기기 등의 규제 대상품을 상대국에 수출할 때 지금까지 포괄적 허가로 간소화해온 수속 여건을 개별 허가로 변경하는 절차상의 문제에 가깝다. 이 조치가 양국 경제에 미치는 악영향 또한 소동을 벌일 정도로 크지 않다. 하지만 일본의 조치는 한국에 '경제전쟁'의 선전포고로 비쳐서 커다란 반발을 불러일으켰고 대규모의 일본 제품 불매운동으로 이어졌다.

2019년 11월 한 달간 한국에서 판매된 일본 자동차는 전년 동월보다 56.4퍼센트 감소했다. 한국으로 수출하던 맥주 또한 전년 동월 대비 99.98퍼센트 급감했다(2019년 9월 기준). 가장 심각한 타격을 입은 분야는 관광업으로, 2019년 11월까지 일본으로 온 한국인 관광객이 약 65퍼센트 감소했고, 그 추세는 멈출 줄 모르고 계속되었다. 한국인 관광객이 지역 경제에서 큰 비중을 차지하던 규슈 등은 심각한 영향을 받게 되었다.

일본이 한국을 화이트국에서 제외하기로 결정할 때 이 사태의 파장을 어디까지 예상했는지는 모르겠으나, 양국 모두 일단 피어오른 불신을 해소할 계기를 찾지 못한 채 극단으로만 치달았다.

2019년 9월 문재인 정부는 일본이 시행한 반도체 재료 세 품목에 대한 수출 허가 조치가 '차별적'이라는 이유로 이 문제를 WTO에 제소했다. 양국은 WTO에서 한국의 동일본산 수산물 수입 금지와 일본산 공기압 밸브에 대한 반덤핑 과세를 둘러싸고 갈등하고 있었는데, 화이트국 제외로 인해 대립의 골이 더욱 깊어졌다.

지소미아 파기의 진의

일본의 갑작스러운 화이트국 제외는 한국이 지소미아 파기를
검토하게 하는 또 다른 파란을 낳았다. 한국의 논리는 '우리나라
의 안전 관리에 문제가 있다는 인식을 지닌 나라와 군사기밀을 공
유할 수 없다'는 것이다. 2019년 11월 23일 겨우 파기는 면했으
나, 그 까닭은 양국이 신뢰를 회복하였기 때문이 아니라 한미일의
안보 체제를 유지하려는 미국의 압박 때문이었을 것이다. 다만 지
소미아가 다시 거론되지 않으리라는 보장은 없다.

일본에서는 '지소미아 파기로 곤란해지는 쪽은 한국이다'라는
주장도 있다. 물론 한미일 간의 군사정보 공유 협력 자체는 지소
미아 체결 이후에도 미국을 중심으로 한미, 미일의 공조로 각각
이루어졌다. 하지만 지소미아가 종료된다면 중국과 러시아뿐 아
니라 무엇보다 북한에게 한미일 3국의 안보 협력에 차질이 생겼
다는 메시지를 줄 수 있기에, 특히 미국과 일본에서 이를 우려하
는 목소리가 컸다.

다른 한편으로 한국의 지정학적 위치를 고려할 때 지소미아는
'양날의 칼' 같은 측면이 있다. 앞서 한국에 사드가 배치되었을 때
중국이 경계심을 높이고 크게 반발하며 한중 관계가 갑자기 시들
해졌다. 하지만 중국은 한국의 가장 중요한 무역 상대국이며 지리
적으로도 맞붙어 있는 강대국이다. 이런 상황에서 한국은 중국과
의 관계를 고려하지 않을 수 없다. 한국은 대미 정책을 중시하는

기조를 유지하고 있지만, 동시에 지소미아가 일본과 준군사동맹으로 발전할 경우 한미일 3국의 공조하에 중국을 봉쇄하려는 미국의 동아시아 전략에 엮일 수 있음을 우려한다. 안보를 위해서는 미국과의 동맹이 중요하고, 경제를 위해서는 중국과의 관계를 발전시켜야 하는 한국의 딜레마가 지소미아를 둘러싼 한일 갈등의 배경에 자리하고 있다.

급증하는 한국의 국방비

이 딜레마 속에서 문재인 정부는 국방력 강화에 힘을 쏟으며 국방비를 증액하고 있다. 2020년 한국 정부의 예산안을 보면 국방비로 50조 1500억 원이 편성되어 전년에 비해 7.4퍼센트 늘어났다. 과거 10년간 한국의 국방비가 평균 4.9퍼센트씩 는 것과 비교할 때 큰 폭으로 증가했다.

한국의 GDP가 일본의 40퍼센트 정도라는 점을 고려하면 한국의 국방비 증가는 돌출적이라 하지 않을 수 없다. 일본의 2020년 방위예산도 5조 3133억 엔(한화 약 56조 5000억 원)으로 6년 연속 최고치를 갱신했으나, 이 추세라면 몇 년 안에 한국의 국방비가 일본을 앞지르게 될 것이다.

한국전쟁 이래로 한국군은 미군의 전시작전통제권(전작권) 아래에 있고, 문재인 정부는 이 전작권 환수를 목표로 하고 있다. 그러나 한국의 국방비 증액이 미군 철수 후의 국방 체제를 정비하기 위해서만은 아닌 것 같다. 문재인 정부가 추진하는 미국의 최신예 전투기 F35 구입과 원자력잠수함 건조 계획 등의 배경에는 실질적 핵보유국인 북한과 중국에 대한 억지력 확보 외에도, 일본에 대한 견제도 있으리라.

한일 양국의 국방비가 급증하는 가운데 염려스러운 것은 독도 문제이다. 양국이 내셔널리즘을 고무하는 정치의 장으로 독도를 이용한다면 1982년의 포클랜드분쟁(아르헨티나와 영국이 남대서양에 위치한 포클랜드제도의 영유권을 두고 무력 충돌한 사건. 아르헨티나에서는 '말비나스전쟁'이라고 부른다—옮긴이)처럼 무력 충돌이 발생할 가능성도 있다. 독도와 관련하여 한국과 일본 정부 모두 교섭의 여지가 없는 상황이 이어지고 있다. 아무리 자국의 여론이 들끓는다고 하더라도 거기에 흔들리지 않고 자제하는 사려 깊은 자세가 양국 정부 모두에게 필요한 시기이다.

그동안 미국을 허브로, 한국과 일본이 스포크로 기능한 한미일 안보 체제에서 한국과 일본은 둘 중 누가 더 미국과 친밀한지를 경쟁하며 각자의 대미 관계를 만들어왔다. 하지만 트럼프 대통령은 한일 양국에 주둔하는 미군의 경비를 큰 폭으로 인상할 것을 요구하며 주한, 주일 미군의 경제성을 재검토했다. 더 이상 동맹국에 대한 미국의 관용적 외교·안보 정책을 기대할 수 없게 되었다. '기브 앤드 테이크give and take'의 비즈니스적 동맹 관계가 출현할 상황을 맞은 것이다.

2020년 11월 미국 대통령 선거에서 트럼프가 재선되든 혹은 민주당의 조 바이든Joe Biden이 이기든, 동맹의 경제적 비용을 따지는 것을 피할 수 없으리라. 그렇다면 한국과 일본은 미국을 둘러싼 '구애 게임'의 라이벌로 다툴 게 아니라, 상대방을 중국과 북한 등 한일 공통의 안보 위협에 맞서는 파트너로 인정해야 한다. 동시에 미국의 불합리한 주둔비 증액 요구에 협력해 대응하고 교섭하는 '중요한 이웃 나라'로서 견속할 필요가 있다. 더 이상 편협한 내셔널리즘에 기반한 애국심 경쟁에 마음을 빼앗길 여유가 없다.

문재인에게는 '지일'이 필요하다

그동안 일본에서는 문재인 대통령을 그저 '반일 대통령'이라고만 치부해버린 경향이 있다. 외교상의 미숙함을 드러내거나 일본에 대한 적대감을 표출하여 자국 민족주의를 고취하는 등, 문재인 정부가 보여준 행보는 그렇게 비칠 여지가 있었다.

하지만 문재인 대통령을 다른 각도에서 본다면 항간에 떠도는 것과는 다른 이미지의 인물상이 떠오른다. 문재인은 북한에서 온 피난민의 아들로 태어났다. 그는 극빈한 환경에서 고학으로 사법시험에 합격하고 노동운동에 뛰어든 '인권 변호사'였다. 식민지 시기에 태어나 일본어가 능숙했던 과거의 한국 대통령들과 1953년에 태어난 문재인은 일본에 대한 이해의 깊이와 정도가 다를 수밖에 없다. 구세대의 김종필이나 김대중과 비교하면 그 차이가 매우 크다.

문재인 대통령의 자서전(『문재인의 운명』)에는 일본에 대한 평가나 언급이 거의 없으며, 책의 대부분은 한국 사회 내부의 갈등에 관한 내용이다. 한국 내부의 이른바 '남남 갈등'이 그가 마주하고 있는 최대의 과제임을 알 수 있다.

문재인 대통령에게 일본이란 사실상 '백지상태'의 주변국일 것이다. 그는 굳이 반일을 고집하는 것도 아니고 일본에 친근감을 가지고 있는 것도 아니며, '지일知日'은 더더욱 아니다.

이는 문재인 개인의 특징이라기보다 한국 정계의 세대교체로 인한 필연적 결과이다. 대통령 주변의 참모 역시 비슷한 경향을 보이는데, 실은 일본 정계의 사정도 이와 다르지 않다. 현재 한일의 갈등은 세대가 바뀌면서 과거의 원한을 실감하지 못하는 새로운 세대 간의 간극을 배경으로 하고 있음을 부정할 수 없다. 과거에 한일 두 나라에는 서로의 문화적 차이나 국민감정을 깊이 이해하는 정치인이 있었다. 하지만 지금은 두 나라를 두터운 네트워크로 잇는 정치가나 저널리스트, 지식인이 거의 없다. 연간 1000만 명이 넘는 사람이 양국을 오가지만 정치와 경제, 안보의 수준에서는 사사건건 옳고 그름을 따지는 상황에서 한 발도 더 나가지 못하고 있다. 어느새 양국은 비즈니스 관계가 주류가 되었다. 한국과 일본 각각에 대하여 트럼프의 미국이 들이민 계산서가 실은 한국과 일본 사이에도 오가고 있는 것이다.

이를 한일 간의 '대등화'라 부르든 어떻든, 현재의 한일 관계는 냉전의 한가운데에서 미일, 그리고 한미가 '한국 조항'에 합의했을 때와는 극적으로 달라졌다. 1969년에 사토 에이사쿠佐藤榮作 일본 총리와 리처드 닉슨 미국 대통령이 맺은 「미일 공동성명」의 제4항을 보자. 여기에는 "한반도의 평화 유지를 위하여 유엔이 기울인 노력을 높이 평가"하고 "한국의 안전은 일본 자신의 안전에 있어서 긴요하다"라고 하는 이른바 '한국 조항'이 적혀 있다. 이 조항을 미국과 일본이 합의하고 한국도 승인했다. 그러나 한일 관계는 반세기 만에 크게 달라졌다. 한국은 남북의 공존과 화합을 중시하는 방향으로 선회하고 더 나아가 북미 교섭의 중재자 역할을 하기 위해 나섰지만, 일본과의 골은 더 깊어졌다. 그리고 아베 정권의 문재인 정부에 대한 불신은 2018년 평창동계올림픽을 계기로 북미 직접 교섭이 추진되고 오사카에서 G20 정상회의가 열린 직후인 2019년 6월 30일 한국과 북한, 미국 3개국 정상이 한반도의 군사분계선인 판문점에서 만난 것을 기점으로 최고조에 달했다.

그로부터 반년 뒤 북미 교섭은 벽에 부딪혔다. 북한은 한국과의 교류를 완고하게 거부했고 한국과 일본 간의 갈등은 더욱 깊어졌으며 문재인 정부의 대북 정책도 막다른 골목에 다다른 듯 보인다. 문재인 정부는 남북의 우호와 화해를 도모하는 일과 한국과 일본의 의사소통을 강화하는 일, 이 두 가지를 동시에 추진해나가는 복안적 외교 전략을 간과했다. 이를 제대로 실행하기 위해서는 일본과 그 어느 때보다 신뢰를 쌓았어야 한다. 이를 위한 문재인 정부의 외교적 노력이 부족했음은 부정할 수 없다. 이 와중에 과거의 식민지 지배에 관한 역사전쟁이 더욱 가열되면서 한일 간의 외교는 마치 복합골절과도 같은 양상이 되었다. 어느 부위부터 손을 대어야 할지 알 수 없을 정도로 상황이 심각해졌다.

내셔널리즘의 행방

일본에서는 문재인 정부가 민족주의적 내셔널리즘을 고취한다고 보고 한국의 현 정부를 '반일'로 규정하는 경향이 있다.

식민지 해방 후 한국의 정치를 움직여온 것은 민주화와 내셔널리즘이라는 두 벡터이다. 문재인 정부는 이 두 벡터를 하나로 묶으려 하고 있다. 한국의 내셔널리즘은 남북이 분단된 1948년을 기점으로 반공적 '분단 내셔널리즘'과 그 분단을 넘어서려고 하는 '통일 내셔널리즘'을 두 축으로 한다. 그동안 각각을 지지하는 세력이 서로 치열하게 경합해왔으며 이것이 또 하나의 벡터인 민주화와 얽히면서 해방 후의 한국 사회를 둘로 쪼개놓았다. 분단은 남북으로 나뉜 휴전선뿐 아니라 한국 내부에도 있었던 것이다. 남남 갈등은 북한의 동향과 연동되어 요동쳤다.

한국의 정권은 왜 극단에서 극단으로 교체되는 것인가? 일본은 한국의 정치 양상을 보고 '민주주의가 미숙하다'고 여길지도 모른다. 하지만 단순화를 무릅쓰고 한국 사회를 거칠게 도식화하면,

그 내부에 보이지 않는 정치적 휴전선이 있어서 '분단 내셔널리즘' 대 '통일 내셔널리즘'의 대립과 '반공·권위주의·독재' 대 '공존·시민주의·민주'의 대립이라는 구조가 역사 안에서 반복되었다고 할 수 있다.

1955년 체제로부터 60년 이상—일시적 교체는 있었지만—자민당이 정권을 거머쥔 일본과 비교해볼 때, 한국의 정치는 불안하고 동요하며 유동적인 것처럼 보인다. 그러나 관점을 달리하면 바로 거기에 한국 정치의 역동성이, 활력의 원천이 있다. 무엇보다도 스스로의 힘으로 민주주의를 성취했다는 자부심이 북한과의 공존, 시민사회의 정치 참여, 민주화와 통일 내셔널리즘의 원천으로 작용하고 있다. 문재인 정부는 그 역사적 흐름 위에 있다.

그런데 문재인 대통령이 지향하는 방향, 즉 통일 내셔널리즘은 국민의 총의를 얻은 것이 아니며 국내적으로 통합에 성공했다고 하기 어렵다. 오히려 한국 내부의 커다란 균열이 북한의 동향과 얽히면서, 밖에서 볼 때 '분열하는 한국'이라는 이미지를 만들어냈다. 그 결과 일본은 '적의 적은 아군'이라는 식으로 문재인 정부의 반대쪽에 서 있는 정치 세력을 암묵적으로 지지하는 듯하다. 하지만 박근혜 정부와 이명박 정부 시절 약 8년에 걸쳐 파탄 직전까지 갔던 한일 관계를 돌이켜 보면, 차기 한국 대선에서 보수파가 정권을 탈환한다고 하더라도 양국의 관계가 호전된다는 보증은 없다. 오히려 한일 관계는 진보 진영의 김대중 대통령과 그 뒤를 이은 노무현 대통령 시기(1998~2008)에 대체로 우호적 협력 관계였다.

김대중과 문재인의 차이

일본이 문재인 정부에 대해 크게 우려하며 반발하는 까닭은 무엇일까? 앞에서 지적한 것처럼 2018년 이후 남북 관계와 북미 관계의 급진전으로 인해 일본이 한반도 문제에서 장외로 밀려나는 것 아니냐는 우려와 불안이 불식되지 않았기 때문이다. 문재인 정부는 극적인 남북 화합과 북미 직접 교섭을 이끌며 한반도 문제의 중심축을 자국으로 옮겨놓는 중에도 일본과의 갈등을 초래할 '역사 문제'를 관리했어야 한다. 일본군위안부와 강제징용 피해자 문제의 피해 당사자를 구제하고 사법부의 판단을 존중하면서, 동시에 역사 문제가 현재 진행 중인 안보 및 외교 전략을 흐트러뜨리지 못하도록, 일본과도 대북 정책에 버금가는 외교적 노력과 의사소통을 이어나갔어야 한다.

되돌아보면 남북 화합을 향해 나아간 한국의 과거 정권은 항상 일본과의 소통에도 외교적 자원과 에너지를 할애했다. 노태우가 주도한 1991년의 남북 화해도 주변국의 협력 없이는 남북 관계가 좋은 방향으로 흘러갈 수 없다는 인식에서 출발했다. 김대중의 햇볕정책 또한 남북 통일의 프로세스가 주변 나라, 특히 일본에도 바람직한 영향을 주어야 한다는 점을 명확히 하고 있었다. 이는 분명 구서독의 동방정책의 요체를 교훈으로 삼은 것이다.

서독의 사회민주당SPD을 중심으로 하는 중도좌파 정권과 기독민주동맹CDU을 중심으로 하는 중도보수 정권은 힘을 합쳐 독일의 분단을 극복하는 길이 곧 유럽의 분단을 극복하는 일이라는 취지를 끊임없이 주변국에 강조했다. 그들은 '범유럽적 경향'을 드러내며 동독과 서독의 통일을 추진해나갔다(Timothy Garton Ash, *In Europe's Name: Germany and the Divided Continent*, Random House, 1993을 참조하라). 독일의 동서 분열은 한반도의 남북 분단과 역사적 경위와 환경이 다르지만, 통일 방안을 마련하는 데 커다란 시사점을 제공한다. 남북의 공존과 통일은 남북의 내셔널리즘만이 아니라 넓게는 동북아시아 전체의 냉전 종결 및 새로운 질서 구축과 연동되어 있기 때문에, 이웃 나라 일본과의 협력은 한국에도 아주 중요한 이익이 걸린 문제이다.

문재인 정부는 김대중 정부와 비교할 때, 일본과의 관계를 강화하는 리더십을 발휘했다고 평가하기 힘들다. 그 결과 일본의 불신과 경계심을 누그러뜨리지 못한 채 한일 갈등에 정치적 자원을 낭비할 수밖에 없었다.

문재인의 지지율

정권 말기에 국내 여론에 영합하여 일본에 강경한 자세를 취한 이명박의 전례 때문에 일본에서는 '문재인이 지지율을 높이려고 반일의 자세를 취하고 있다'라고 보는 견해가 늘어났다. 전임 대통령을 탄핵으로 몰아넣은 촛불시위의 열광적인 분위기 속에서 탄생한 문재인 정부는 출범 당시 80퍼센트가 넘는 지지율을 자랑했다. 이후 경제 정책에 대한 실망 등으로 인해 지지율이 떨어지기도 했지만, 최근에는 신종 코로나바이러스에 대한 효과적인 대응이 높은 평가를 받으며 지지율이 50퍼센트를 웃돌고 있다(리얼미터의 조사에 따르면 2021년 1월 25일 기준 문재인 대통령의 지지율은 43퍼센트이다—옮긴이). 정권 출범 후 3년이 지나도록 50퍼센트 이상의 높은 지지율을 유지하는 것은 한국의 역대 정권 중 김대중 정부가 유일한 사례였을 정도로 흔치 않은 일이다. 한국 대통령의 임기는 5년 단임이기 때문에 지지율의 하락이 대통령 퇴진의 직접적 원인이 되지는 않는다. 앞서 노무현이 그랬던 것처럼 문재인도 지지율이 아무리 낮아지더라도 목표로 삼은 정책을 끝까지 수행할 가능성이 높다. 지지율을 신경 쓰지 않는다는 말이 아니라, 문재인 정부는 어떤 조건에서도 '민주화'와 '남북 통일'이라는 두 목표에서 성과를 거두기 위하여 남은 임기 동안 매진할 것이라는 뜻이다.

「한일 기본조약」을 견지해야 하는 이유

한일 관계가 악화일로로 치닫는 가운데에도 불매운동이 일어나기 전인 2018년 한 해 동안 양국을 왕래한 사람의 수는 1000만 명 이상이었다. 관광뿐 아니라 문화와 경제 등 여러 분야에서 양국의 교류가 급진전된 것은 1965년 체결한「한일 기본조약」의 성과라고 할 수 있다. 많은 타협과 모순을 내포한 조약이지만, 그럼에도 체결된 지 반세기 이상 지난「한일 기본조약」은 견지되어야 한다. 만약 어느 쪽이든 이를 부정한다면 한일 관계는 그야말로 밑이 빠진 상황이 되고 말 것이다. 이 말은「한일 기본조약」자체가 파기되어 한국과 일본의 외교 관계가 끝날지도 모른다는 뜻이다. 양국 모두 그러한 사태를 결코 원하지 않을 것이다.

「한일 기본조약」이든 2015년의「위안부합의」든 정부 간의 결정을 준수하는 것이 국가 간의 정상적 관계를 유지하는 데 필수적이다. 이 조약의 기본 이념과 골격을 유지하면서 시대와 함께 발전을 이루어 보다 바람직한 모습에 근접하기 위한 상호 협력을 늘려가야 한다. 강제징용 문제나 위안부 문제의 근간에 놓인 것은 '개인 청구권'에 대한 해석이다. 끊임없이 변화하는 시대에서 우리가 마주하는 질문은 '역사의 용광로 안에서 무엇을 끄집어낼 것인가'이다.

「청구권협정」에서 모든 것이 해결되었다고 양국 정부가 합의했다 하더라도, 1965년에는 보이지 않던 다양한 문제가 이후에 드러났다. 고노 담화, 무라야마 담화, 간 담화, 혹은 2002년의「조일 평양선언」에 담긴 사죄와 반성을 비롯하여 일본 정부가 표명해온 사죄의 뜻은 결국「한일 기본조약」을 맺은 1965년과는 다른 역사의 흐름에 대응한 표현이다. 한국 또한 이 대응을 어떻게 받아들이고 다시 어떻게 대응할지가 중요하다.

이제까지 한국은 일본에게 독일 수준의 과거 청산과 사죄, 보상을 행하라고 여러 차례 요구했다. 독일 모델을 이상적이라고 간주한 것이다. 하지만 홀로코스트를 상징하던 아우슈비츠에서 유대인이 해방된 지 75년이 지난 2020년 1월, 홀로코스트 기념관에 선 프랑크발터 슈타인마이어Frank-Walter Steinmeier 독일 대통령은 과거사에 대해 솔직한 반성의 뜻을 밝히며, 독일에서 '과거의 악령'이 되살아나고 있다고 경종을 울렸다. 네오나치의 발호와 극우정당 AfD(독일을 위한 대안)의 약진, 거듭된 반유대주의의 창궐 등 갖가지 '반동적 움직임'이 재등장했기 때문이다.

한국과 일본의 역사 문제도 독일의 빛과 그림자를 똑똑히 주시하면서 끈질기게 서로의 입장을 이해하고 국민감정에 발을 맞추며 앞으로 나아가지 않으면 안 된다. 그러기 위해서는 「한일 기본조약」의 상호 준수가 필수적이며, 이를 바탕으로 양국이 타협하고 협력해나가야 한다.

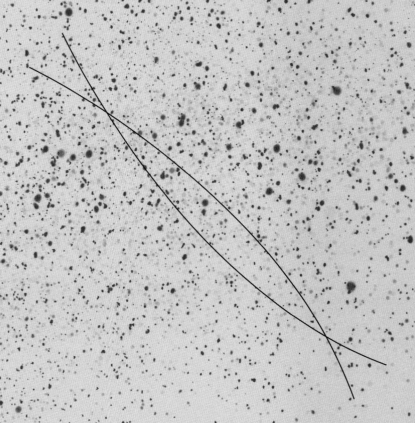

05

코리안

엔드게임

엔드게임

이 장의 내용은 셀리그 해리슨Selig S. Harrison의 명저『셀리그 해리슨의 코리안 엔드게임(원제는 *Korean Endgame*)』에서 영감을 얻었다.『워싱턴포스트』와 브루킹스연구소, 카네기국제평화기금 등에서 남아시아와 동아시아 연구자 및 전문가로 활약한 해리슨은 1994년 북한과 핵 동결 교섭을 벌일 때 중요한 역할을 한 미국 유수의 한반도 문제 전문가이다. 그의 책은 끝나지 않은 전쟁(한국전쟁)을 종결시키고 한반도에 새로운 평화와 질서를 구축하기 위해서 한국과 북한, 미국과 일본, 중국과 러시아가 해야 할 역할과 나아갈 길을 제안하며, 한반도의 통일과 미국의 '전략적 비관여'라는 비전을 전개한다.

'전략적 비관여'란 오바마 정부의 '전략적 인내'처럼 현상 유지를 의도하는 것이 아니다. 이는 미국이 남북한에 대하여 제3자적 중립 정책을 취하면서 더 나아가 지역의 안전보장을 위한 '공공재'의 제공자가 되어야 한다는 새로운 전략이다. 해리슨의 책은 한국과 북한에 대한 미국의 정책, 나아가서는 동북아시아 관여 정책의 전략적 전환에 관한 구체적인 지침을 제시한다는 점에서 몹시 시사적이다. '엔드게임'이란 전쟁과 대립이 종식을 향한 최종 단계에 있음을 뜻한다. 이 장에서 나는 한반도에 엔드게임이 다가오고 있다는 인식하에서 그 전망을 살펴보고자 한다.

남북 통일을 향한 역사의 나선형 계단

한반도는 미국이라는 세계 초강대국과 중국과 일본이라는 군사·경제 대국의 이해가 얽혀 그들의 힘이 서로를 끌어당기거나 혹은 밀어내는, 세계에서 정치적 긴장이 가장 팽배한 지역이다. 앞에서 지적한 것처럼 한반도의 분단 체제를 해체하기 위한 프로세스는 냉전 후 몇 번이나 전진과 후퇴를 반복했다. 이 과정에서 북한의 핵 위협이 기정사실화되었고, 위기는 말하자면 '기본 상태'가 되었다고 할 수 있다. 그럼에도 남북과 북미, 한일과 북일, 그리고 중국과 러시아까지 포함한 6자회담 등 다양한 형태로 교섭과 협의를 거듭하면서 '6월의 포성'이 재현되는 불상사를 간신히 피해왔다. 이제 냉전 종식으로부터 30년이 지났다. 한반도와 그 주변 지역의 평화와 안정을 달성하기 위한 행보는 일진일퇴를 거듭하면서 착실하게 앞으로 나아가고 있다.

나선형 계단을 오르는 모습을 바로 아래에서 본다면 똑같은 원을 그리는 운동을 영원히 반복하는 것처럼 보인다. 하지만 자리를 옮겨 옆에서 바라보면 그 발걸음이 목표를 향해 착실히 올라가고 있음을 알 수 있다. 마찬가지로 남북의 공존과 통일, 한반도의 평화를 향한 여정도 역사의 나선형 계단을 오르고 있다.

6자회담이 제6차를 끝으로 중단된 지 약 10년이 흘렀을 때 한반도의 정세가 크게 요동쳤다. 트럼프 대통령과 김정은 위원장이 '말싸움'을 주고받더니 이내 무력 충돌의 위험이 커지던 2017년을 지나고 2018년이 되자 정력적인 외교전이 펼쳐졌다. 2월에 열린 평창올림픽의 일부 종목에 남북이 단일팀을 내보내더니 4월에는 판문점에서 역사상 세 번째로 남북 정상회담이 실현되었다. 이후 5월에 판문점에서, 그리고 9월에는 평양에서 연이어 정상회담이 개최되었다. 나아가 북한과 미국의 정상이 6월 싱가포르에서 사상 최초로 만나더니, 2019년 2월 다시 하노이에서 만나기에 이르렀다. 그러나 그 뒤 다시 교착 상태가 이어졌다. 트럼프 대통령은 재선이 걸린 선거 시즌이 다가오자 북미 정상회담에 대한 관심이 식은 듯하다. 북한도 트럼프의 재선 여부가 명확해지기 전까지는 '대담한 새로운 노선'으로 방향을 틀기 어려울 것이다. 당분간 긴장을 유지한 채 추이를 지켜보는 수밖에 없다.

그럼에도 미국 정부가 일촉즉발의 사태에 대비하여 한국과 일본에 주재하는 미국인의 귀환을 검토하던 2017년을 생각하면 지금은 '공포에 의한 균형'일지언정 소강상태가 이어지고 있는 것은 틀림없다.

'구체적 성과가 없다', '북한이 시간을 벌도록 도와주고 있다' 같은 비판도 있지만 이제까지 몇 차례의 기회에도 실현되지 않았던 북미 정상회담이 열린 것 자체가 하나의 성과이다. 미국 대통령과 이란 정상은 면담조차 이루어지지 않는 상황과 비교하면 북미의 관계는 진전되었다고 평가할 수 있지 않을까? 또 현재는 북한의 태도가 싸늘해졌지만 남북이 서로를 '불구대천의 원수'로 여기던 적개심을 누그러뜨리고 적어도 교섭 상대로 인정하고 소통할 수 있게 된 것도 커다란 진전이다.

지금까지 한국과 북한, 북한과 미국이 군사적 긴장 완화를 포함한 다양한 합의를 만들어왔다면, 이제는 그것을 어떻게 구체화할지를 논의하는 국면에 이르렀다. 말하자면 최종 목표의 70퍼센트 정도에 도달했다고 하겠다. 그런데 30퍼센트를 남겨놓고 힘든 고비에서 넘어져 교착에 빠져 있다.

일본은 그동안 급변하는 상황을 따라잡으며 주체적으로 관여했다고 평가하기 힘들다. 그리고 트럼프 정권은 재선이 걸린 대통령 선거가 끝날 때까지 북한이 핵 실험과 ICBM 발사 실험을 사실상 동결한 현재의 상태를 성과로 과시하며 계속 이 상황을 유지할 계획이 아닐까? 한편 북한은 일방적으로 2019년 말이라는 시한을 제시하면서 자국에 대한 미국의 '적대시 정책' 철폐를 요구한 이래 10회 이상 단거리 미사일을 발사하며 미국을 도발하고 있다. 북한이 이러는 까닭은 2000년 가을 클린턴 정권 말기에 북미 관계의 대전환을 이룰 수 있었던 기회가 미국의 정권 교체와 함께 사라져버린 전례가 있기 때문이다.

민주당 바이든 후보 대 공화당 트럼프 대통령의 승부에서, 트럼프의 재선은 신종 코로나바이러스의 확산과 극단적인 경제 침체를 얼마나 잘 봉합하는지에 달려 있다. 북한은 트럼프가 재선할 경우 야당인 민주당과 여론의 동향에 구애받지 않고 보다 적극적으로 대북 정책을 추진할 수 있을지를 타진하며 선거 결과를 주시할 것이다. 이것이 그들이 트럼프의 재선을 방해하는 레드라인red line(대북 봉쇄 정책을 실시하게 되는 기준선을 지칭한다. 「제네바합의」를 위반하는 핵 개발이나 한국에 대한 대규모 무력 도발 등 북한의 여러 행동에 대한 예상과 그 대응법이 마련되어 있다―옮긴이)을 넘지 않을 것이라고 판단하는 이유이다.

한편 해방 75주년이자 한국전쟁 발발 70주년이 되는 2020년에는 6월과 8월에 북한이 새로운 움직임을 보이며 남북 관계에 변화를 가져올 가능성도 있다.

김정은은 북한의 무엇을 바꾸었는가

현재 한반도의 행방을 좌우하는 주요한 행위자 중 한 명은 북한의 김정은 위원장이다. 2011년 말 아버지 김정일이 급사했을 때 그는 20대 후반에 불과했다. 그에게는 이복형 김정남을 암살하고, 김정일의 측근이자 자신의 고모부인 장성택을 숙청한 '잔인한 독재자'라는 이미지가 따라다닌다. 그런데 한편으로 김정은 치하의 북한이 이전과 다른 양상을 보이기 시작한 것도 분명하다.

그중 하나는 아버지 김정일이 깔아놓은 체제에서 벗어나기 시작했다는 것이다. 국제 사회에 원조를 구하지 않을 수 없을 정도로 경제가 피폐해지고 100만 명 이상이 굶어 죽으면서 북한 '조기 붕괴설'이 대두되었던 시기에, 김정일은 위기를 극복하기 위해 군을 중추로 하는 선군정치로 체제를 전환했다. 김정은이 집권한 뒤에도 군의 역할 자체는 크게 달라지지 않았지만, 그는 권력의 헤게모니를 군에서 당으로 이동시켜 당 중심의 통치 체제를 확립했다. 이는 앞으로의 비핵화 교섭에서 유의해야 할 점이다.

중국과의 관계에서도 김정은의 명확한 의사를 확인할 수 있다. 북한 경제는 중국에 크게 의존하고 있지만, 중국과의 관계가 항상 원만했던 것은 아니다. 때로는 거리를 두거나 갈등을 빚은 적도 있다. 김정은 체제에서도 중국과 가까운 장성택을 숙청하고, 2017년 9월 중국에서 BRICS(브라질, 러시아, 인도, 중국, 남아프리카공화국 등 신흥 경제 5국을 일컫는다—옮긴이) 정상회의가 열린 날 핵 실험을 강행하는 등 북중 관계는 악화일로를 걸었다. 하지만 2018년 3월 북미 정상회담의 개최를 결정한 뒤 김정은은 곧장 중국을 방문했고, 또 남북, 북미 정상회담 뒤에도 여러 차례 중국을 방문하는 등 정력적으로 중국과의 관계를 강화하려고 노력했다. 이어서 2019년 6월에는 시진핑이 평양을 방문하면서 북중 관계는 근래 들어 가장 가까워졌다. 말할 필요도 없이 중국은 한국전쟁 휴전협정의 당사자이자 앞으로의 한반도 평화에도 중요한 역할을 할 행위자이다.

김정은은 중국 모델을 참고하여 개발독재형 국가자본주의로 방향을 틀고 있다. 2013년 3월에는 경제 건설과 핵 개발을 병행하는 '병진노선'을 추진하기로 결정했다. 그런데 이때 "핵을 보유한 결과로, 이제는 국방비를 증액하지 않고도 안전이 확보되어 경제 건설에 전념할 수 있다"고 말했다고 한다. 핵무기는 통상의 무기보다 '가격 대비 성능'이 좋은 만큼, 핵을 손에 쥔 이상 이제는 경제에 자원을 쏟아부을 수 있다는 논리다. 실제로 김정은은 다양한 경제 개혁을 실시하고 있다. 예를 들어 종래의 집단농업 방식을 수정하여 각각의 농민에게 수익을 분배하는 '포전 담당 책임제'를 실시하고, 국가의 지도 아래에서 기업과 공장에 독립 채산제를 인정하는 '사회주의 기업 책임관리제'를 도입하는 등 시장경제를 확대하고 있다. 또 중국과 러시아에 투자를 요청하고 경제특구와 관광지구를 개발하여 외자를 획득하려는 움직임도 보인다.

그러나 만성적 에너지 부족이 북한이 가려는 길을 막고 있다.

북한의 원유 수입을 제한한 유엔 안전보장이사회의 제재 결의가 가장 큰 장애물이다. 그 밖에도 해외로 파견된 북한 노동자의 송환이나 북한산 석탄, 목재 등에 대한 수출 금지, 북한의 해외 자산 동결 등 제재가 여러 방면에 걸쳐 있다. 핵을 개발하는 동안 거듭 가중된 제재가 북한을 궁지로 몰아넣었다. 일부에서는 북한이 곤경을 넘기 위해 사이버 부대를 운영하여 부정 자금을 조달하고 사이버 테러 공격을 고도화하고 있다고 분석하지만 그 전모는 밝혀지지 않았다.

안보리 결의 등의 제재를 해제하지 않는 한 북한 경제가 크게 성장할 가능성은 없다. 그리고 안보리를 움직이기 위해서는 미국과의 관계 개선이 필수적이기에, 북한은 점점 더 초조해질 수밖에 없는 상황이다.

2017년의 위기

2017년에는 1994년의 핵 위기가 재현될 뻔했다. 이 기간에 북한은 총 16회에 걸쳐 '비행체' 발사 실험을 했다. 그해 8월과 9월에는 북한이 발사한 탄도미사일이 일본열도 상공을 통과해 전국 즉시경보시스템 'J얼라트'가 일제히 울리기도 했다. 긴장이 고조되는 가운데 곧 전쟁이 시작될지도 모른다는 억측이 난무했고 '북한과 미국이 혹시라도 싸운다면', '김정은 참수 작전' 같은 과격한 언사가 항간을 떠돌았다.

1월에 대통령에 취임한 트럼프는 북한에 군사 옵션도 불사하는 '최대 압박'으로 대응하겠다는 강경한 자세를 취했다. 8월에 북한이 ICBM에 탑재할 수 있는 소형 핵탄두 생산에 성공했다는 소식이 보도되자 "계속 미국을 위협하면 화염과 분노로 맞서겠다"고 도발했다. 또 9월에는 유엔 총회에서 북한을 "완전히 파괴하겠다"라며 선전포고나 다름없는 말로 경고했다. 이에 대해 북한이 트럼프 대통령을 "노망난 늙은이"로 조롱하자 트럼프는 김정은을 "꼬마 로켓맨"이라고 자극하는 등 비난을 주고받았다. 북한은 미사일 발사 실험을 거듭하여 9월에 수소폭탄급 규모의 핵 실험을 강행했고, 11월에는 신형 ICBM 화성15호를 발사하며 '핵 무력의 완성'을 선언했다. 이즈음에 한국의 베스트셀러 작가 한강은 「미국이 전쟁을 말할 때, 한국은 몸서리를 친다」라는 글을 『뉴욕타임스』에 기고하여 한국에서 군사적 충돌에 대한 우려가 높아지고 있음을 알리고 "평화 이외의 해결책은 의미가 없다"고 호소했다.

2018년에도 김정은이 신년 축사에서 "미국 본토 전역이 우리들 핵 타격 사정권에 들어 있으며 내 책상 위에는 항상 핵 단추가 놓여 있다"라고 미국을 견제하자, 트럼프는 트위터로 "나는 북한보다 더 센 핵을 가지고 있다"고 되받는 등 어느 한쪽도 물러서지 않았다. 그러나 실은 이때 이미 변화가 시작되고 있었다. '핵 단추'를 말한 신년 축사에서 김정은이 2월에 한국에서 열릴 평창올림픽에 참가하고 협력하겠다고 표명했기 때문이다.

문재인의 '베를린 구상'과 북한의 비난

북한과 미국 사이에 격렬한 말이 오가는 가운데 2017년 5월 대한민국 대통령에 취임한 문재인은 북한과 미국의 중재자가 되겠다는 의욕을 보였다. 6월 방미 때는 트럼프 대통령으로부터 북한에 대한 '4대 NO(적대시 정책, 공격, 정권 교체 및 붕괴, 인위적 통일, 이상 네 가지를 추진하지 않는다)'에 관한 합의를 얻어냈다. 그는 같은 해 7월 G20 정상회담을 위해 방문한 베를린에서 연설을 했다. 여기에서 앞서 남북 정상회담을 실현한 김대중과 노무현의 대북 정책을 계승하고 발전시키겠다고 선언하면서 한반도의 평화와 안전에 한국이 적극적으로 관여할 것임을 국내외에 알렸다.

하지만 북한은 문재인의 '베를린 구상'을 "평화와 북남 관계 개선에 도움은커녕 장애만 덧쌓는 잠꼬대 같은 궤변들이 열거돼 있다"라고 맹렬히 비난했다. 사실 김대중의 「베를린선언」 때도 북한은 비난으로 대응했는데, 이러한 반응은 문재인이 어디까지 진심으로 대북 화합을 행할 뜻이 있는지 떠보는 탐색용 '관측기구' 같은 것이다. 문재인 정부는 예전의 김대중이 그랬던 것처럼 북한의 도발을 감내하고 국내의 비판을 견디면서 북한과 미국을 중재하려는 모습을 끈질기게 보여주었다.

북미 양국의 정상이 서로 비난하기 바쁘던 바로 그때, 물밑에서는 북미 교섭의 인센티브가 작동하고 있었다. 북한이 미국 본토까지 닿는다고 주장하는 ICBM의 능력에 대해서는 검증이 필요하지만, '핵 무력의 완성'을 선언했으니 이제는 병진노선의 다른 한 쪽인 '경제 건설'에 총력을 기울이고 싶다는 것이 북한의 속내였으리라. 미국도 북한의 핵 위협이 현실화된 이상, 군사력을 지렛대로 한 제재에는 한계가 있으며 압력만 가해서는 북한을 비핵화하거나 그들의 체제를 붕괴시킬 가능성이 거의 없다고 판단했으리라. 비록 한정적일지라도 군사행동에 따르는 엄청난 희생과 견주어볼 때, 교섭의 길을 찾는 것이 합리적 선택이었다. 이러한 쌍방의 시그널을 확인하는 데 한국이 중재자로 나섰으며, 그 무대는 바로 동계올림픽이 열린 평창이다.

평창올림픽이라는 전환점

2018년 2월에 열린 평창올림픽은 대한항공기 폭파 사건을 일으킨 북한이 참가하지 않았던 1988년 서울올림픽과는 완전히 다른, 남북 화합을 연출하는 이벤트가 되었다. 2007년 창춘동계아시안게임 이후 11년 만에 남북 선수단이 통일기를 걸고 개회식에 함께 입장했다. 여자 아이스하키팀은 남북 단일팀을 결성하여 출전하기도 했다. 북한은 정부 고관급 대표단을 파견했으며, 이때 평창에 온 김정은의 동생 김여정이 평양에서 남북 정상회담을 열자는 김정은의 친서를 문재인 대통령에게 전달했다.

토마스 바흐Tomas Bach 국제올림픽위원회IOC 위원장은 남북의 아이스하키 단일팀 결성에 힘을 아끼지 않았다. '북한이 올림픽을 프로파간다로 이용하고 있다'는 비판에 대해 "이것은 스포츠다. IOC는 이를 명확히 한다. 다리를 놓고 문을 여는 것이 스포츠의 역할이다. 다른 것은 없다"라고 반론하고 평창올림픽은 "스포츠를 넘어선 감동을 역사에 새긴 평화 올림픽"이라고 칭송했다.

바흐 위원장의 말처럼 평창올림픽은 남북, 그리고 북미 사이에 다리를 놓고 문을 여는 기점이 되었다. 이후 북한은 3월에 방북한 한국 특사단에게 북미 정상회담까지 제안했다. 특사단은 곧장 미국으로 향했고 트럼프 대통령은 북한의 제안을 수락했다. 4월에는 마이크 폼페이오Mike Pompeo CIA국장이 비밀리에 평양을 방문했다. 이때 북한과 미국은 물론 중국도 회담에 참여해 한반도 정세에 관한 협의를 추진한 것으로 추측된다.

북미는 진중하게 상대방의 동향을 살피고 있었다. 2017년 내내 몇 차례나 발사된 미사일이 11월 ICBM 발사 실험 이후에는 잠잠해졌다. 북한은 2018년 4월 "병진노선은 승리했다"면서 핵미사일 실험을 중단하겠다고 선언했다. 그 무렵 올림픽과 패럴림픽을 이유로 연기되었던 한미합동군사훈련 키리졸브Key Resolve가 예년의 절반 규모로 실시되었다. 북한은 이를 빌미로 남북 각료급회담을 중지하고 6월로 예정된 북미 정상회담에 관해서도 경고했으나, 한국의 중재로 파행을 피했다. 이후 화해 무드가 급물살을 타고 퍼지기 시작했다.

브레이크만 밟는 일본

상황이 급변하는 가운데 한반도 정세를 둘러싼 한국과 일본의 인식은 계속 엇갈렸다. 평창올림픽과 패럴림픽을 앞두고 한미합동군사훈련을 연기하겠다는 한국의 발표에 일본은 강한 우려를 표명했다. 북미 대립을 중재하려는 한국 입장에서는 일본의 행동이 평화적 교섭을 방해하려는 시도로 보였으리라. 그런데 일본의 입장에서는 대북 문제에 경도된 한국이 미국을 끌어들여 북미 교섭의 무대를 만드는 데만 힘을 쏟은 나머지, 비핵화의 달성은 뒤로 미루고 점점 유화 정책으로만 기우는 것처럼 보였다.

일본은 평창올림픽에서의 남북 화합 무드에 비판적이었다. 아베 총리가 올림픽 개막식에 불참할지도 모른다는 보도가 나왔고, 2020년 하계올림픽 개최지인 도쿄의 고이케 유리코小池百合子 도지사는 실제로 평창올림픽 폐막식에 가지 않았다. 일본의 언론은 올림픽과 패럴림픽이 끝나고 연기되었던 한미합동군사훈련이 시작되면 북한이 다시 강경 자세로 돌아설 것이며, 2017년의 위기가 재현되리라고 예상했다. 일부에서는 화해와 평화보다 군사적 충돌을 바라는 듯한 분위기마저 엿보였다. 만약 북미가 충돌하면 일본도 심각한 인적, 물적 피해를 입을 텐데 그것을 생각하고 있는지 의심스러울 정도로 과격한 말들이 곳곳에서 쏟아졌다.

이러한 일본의 자세에 대하여 한국은 '2017년과 같은 상황이 이어진다면 도쿄올림픽 개최가 위태로워질 텐데'라며 불만을 표시했다.

일본이 남북 화합을 위해 앞장서 달려가는 한국을 의심하고, 한국은 일본이 발목을 잡는다고 생각하는 사이에 양국의 대립 구도가 만들어졌다. 그런데 원래대로라면 한국이 아니라 미국의 동맹국이며 국력이 더 큰 일본이 온 국민의 비원인 납치 문제를 해결하기 위해서라도 북한과 미국 사이로 비집고 들어가 중재자 역할을 했어야 한다.

앞에서 언급한 것처럼 일본은 나카소네 내각 때 중국과 한국을 성공적으로 중재했고 또 고이즈미 내각 때 북일 관계 구축을 통해 북미를 중재하는 대범한 외교 전략을 추진했다. 하지만 납치 문제를 전면에 세우고 국민의 지도자를 자청하며 부상한 아베 내각은 북한 문제의 해결을 위해 거시적인 외교 전략을 수립하기보다는 여론의 동향에 따라 행동을 결정했다. 여론이 바뀔 때마다 외교나 안보 전략이 변하는 상황이 되어버린 것이다.

압박 일변도의 대북 강경책이 일시적으로는 여론의 지지를 받을 수 있을지 모른다. 하지만 외교란 기본적으로 타협의 게임이다. 따라서 여론만 따르는 정책은 언젠가 한계를 드러내기 마련이다. 한국의 문재인 정부는 노태우 정권 이래 이어진 남북 공존을 향한 국가 정책의 연장선 위에서 남북 교류를 추진하고, 북미 교섭의 중개 역할에 매진하고 있었다. 만약 지금 일본 내각이 나카소네 정권이나 고이즈미 정권이었다면 한국이 나설 자리는 없었을지도 모른다. 하지만 현재 일본의 집권 세력은 아베 내각이고,

동북아시아의 새로운 질서를 그리는 세력 지도에서 일본의 위상
은 갈수록 축소되고 있다.

「판문점선언」과 첫 북미 정상회담의 의의

2018년 4월 27일 판문점에서 세 번째 남북 정상회담이 열렸다.
문재인과 김정은이 손을 맞잡고 휴전선을 넘는 장면은 전 세계에
강렬한 인상을 심어주었다. 두 정상은 한국 측에 있는 '평화의 집'
에서 회담을 하고 「한반도의 평화와 번영, 통일을 위한 판문점 선
언」(이하 「판문점선언」)을 발표했다. 이 선언문은 과거 두 차례에 걸
친 남북 정상회담의 합의들이 존속되고 있음을 재확인하는 동시
에 경제 분야를 포함하여 남북 교류를 촉진하겠다는 약속을 담고
있다. 그리고 한반도의 군사적 긴장 완화를 위하여 공동으로 노력
할 것과 한반도의 항구적 평화 체제 구축은 "더 이상 미룰 수 없는
시대의 절박한 요구"라는 점을 명확히 했다.
　이 선언에서 남과 북은 정전협정 체결 65년이 되는 2018년에
종전을 선언하고, 정전협정을 평화협정으로 전환하며, 항구적이
고 공고한 평화 체제 구축을 위한 남북미 3개국, 혹은 중국까지 포
함한 4개국 회담을 적극 추진하기로 합의하고 평화 체제를 위하
여 적극 협력해나갈 것을 확인했다. 이는 "남과 북은 완전한 비핵
화를 통해 핵 없는 한반도를 실현한다는 공동의 목표를 확인하였

다"는 문구와 함께, 앞으로 열릴 북미 정상회담을 향한 포석이기도 했다. 그로부터 겨우 한 달 뒤, 다시 한 번 문재인과 김정은이 판문점에서 만났다. 이번에는 트럼프 대통령이 6월에 예정된 북미 정상회담을 중지할 가능성을 시사하자 남북이 기민하게 대응한 것이다.

그리고 예정대로 6월에 사상 초유의 북미 정상회담이 싱가포르에서 개최되었다. 회담 후 발표한 「공동성명」의 전문에서 미국은 "조선민주주의인민공화국에 안전 담보를 제공할 것을 확언"하고 북한은 "조선반도의 완전한 비핵화에 대한 확고부동한 의지"를 확인했다. 구체적인 내용과 기한 등이 없는 것에 관하여 트럼프 대통령은 기자회견에서 "시간이 부족했다", "완전한 비핵화에는 시간이 걸린다"라고 설명하고 비핵화의 "프로세스는 지금부터 시작된다"라고 강조했다. 또 트럼프 대통령은 직접 평양을 방문하겠다는 의사와 적절한 시기에 김정은 위원장을 백악관으로 초대할 것이라는 의향을 보였다. 그는 김정은을 재능이 있는 훌륭한 인물이라고 추켜세우는 한편, 제재에 관해서는 "북한 핵 문제가 중요하지 않게 되면 생각해보겠다"고 대답하여 지속할 것이라고 밝혔다. 미국은 북한과 타협하지 않는다는 자세를 취한 것이다.

시끌벅적했던 북미 정상회담이 비핵화의 수순과 범위, 더 나아가 구체적인 로드맵을 제시하지 못한 채로 끝나자 극장형 퍼포먼스에 지나지 않는다는 비판이 들끓었다. 하지만 그것을 '내용 없는 정치쇼'라고 단정할 수는 없다. 불가능하다고 여겨지던 북미 정상회담이 실현되었다는 사실 자체가 중요하기 때문이다. 뒤집어 생각해보면 60여 년에 걸친 북한과 미국의 반목은 양국 정상이 한두 번 만난다고 다 녹을 정도로 단순하지 않다. 그럼에도 역사상 최초의 북미 정상회담은 전쟁 직전의 위기에 처해 있던 북한과 미국이 대화를 위해 마주 앉았다는 점에서 의미가 크다.

이상한 미국 대통령, 도널드 트럼프

북미 정상회담이 실현된 배경에는 북한의 '핵 무력 완성'과 함께 트럼프라는, 생각과 행동을 예상하기 어려운 미국 대통령이 있었다. 국내외에서 분열을 선동하고 '아메리카 퍼스트'를 강행하는 데 대한 평가를 차치하고 볼 때, 적어도 북미 대화의 모멘텀은 트럼프 대통령이 아니었다면 불가능했을 것이다.

전임 오바마 정부의 정책을 완전히 뒤집어놓은 트럼프의 방침이 역설적으로 한반도 정세를 진전시키는 데 도움이 되었다. 설사 그것이 대통령 재선을 위한 퍼포먼스였다고 하더라도 트럼프는 그가 의도한 것 이상을 성취했다고 하겠다. '역사의 교지狡智'라고나 할까? '오바마와 다르다면 뭐든지' 다 하려고 한 트럼프 대통령의 즉흥적 대북 정책은 위태로움의 극치였다. 하지만 그는 미국 대통령이 불량 국가로 낙인찍힌 독재 국가의 리더와도 교섭하고 대화할 수 있다는 사실을 예기치 않게 증명했다. 실력 행사와 공갈, 일방적 압력과 강압적 봉쇄는 결국 되돌릴 수 없는 참화를 초래하는 반면, 교섭과 타협이라는 비군사적 프로세스를 통한 거래는 아무리 시간이 오래 걸린다 하더라도 보다 평화적이다. 또한 인적·물적 비용의 측면에서도 후자가 더 타당한 접근법이 아닐까?

'전략적 인내' 정책을 취한 오바마 정권은 북핵 문제를 6자회담 속에 넣고 중국을 끌어들여 역할을 분담하는 다국간 교섭을 통해 해결하려 했다. 하지만 그것은 사실상의 현상 유지를 의미했고, 결과적으로 북한의 핵과 미사일 개발을 허용하고 말았다. 이는 '잃어버린 10년'이 되어 한반도 비핵화 문제에서 미국의 존재감은 약해지고 중국의 발언권이 강해지는 결말을 낳았다.

이에 비해 '아메리카 퍼스트'의 트럼프 대통령은 다국간 교섭을 피하고 북한과 직접 교섭을 선택했다. 자신의 정치적 성과를 만들고자 하는 바람은 물론, 이제 세계 2위의 경제대국으로 올라서서 미국 안보의 위협이 되어가는 중국을 견제하는 동시에 북핵 문제 해결에 중국을 조연으로 끌어들이겠다는 의도가 보인다.

트럼프 대통령은 사업가로서 '최후의 프런티어'인 북한의 잠재력에도 눈독을 들이고 있었으리라. 북한은 과거 일본제국의 중화학공업을 지탱하는 중요한 거점이었으며, 현재도 수력 자원과 노동력, 그리고 풍부한 지하자원을 가지고 있다. 또한 석유, 금, 우라늄, 희토류 등의 보유국으로 유망하다. 북한의 비핵화가 성공적으로 진전되어 국제 사회의 제재가 해제된다면 미국은 북한과의 빅딜을 통해 커다란 이익을 얻게 될 것이다. 트럼프는 바로 이 지점을 기대하지 않았을까?

트럼프의 재선을 기다리는 북한

많은 이들은 2016년 미국 대통령 선거에서 힐러리 클린턴Hillary Clinton이 승리할 것이라고 예상했다. 예상을 뒤집고 트럼프가 당선되었지만, 4년의 임기를 마치지 못하고 탄핵될 것이라고 보는 이들도 있었다. 하지만 미증유의 코로나 위기에도 트럼프의 핵심 지지층은 흔들리지 않았다. 트럼프가 코로나 방역에 성공을 거둔다면 재선 가능성이 더욱 커질 수도 있었다. 하지만 세계 경제는 서브프라임 금융 위기를 웃도는 불황과 혼돈 속으로 빠져들었다. 다른 한편으로 조 바이든 민주당 대통령 후보는 경선에서 물러난 버니 샌더스Bernie Sanders와 앙금이 남아 있다. 선거 결과가 어떻게 되더라도 사태를 크게 움직이는 인물이 여전히 트럼프일지 북한은 그 추이를 지켜볼 것이다(2020년 11월 3일에 실시된 미국 대선에서 조 바이든이 승리하였지만 트럼프가 패배를 승복하지 않으면서 혼란이 계속되었다. 북한도 미국 대선 결과에 관한 논평을 내지 않으며 북핵 문제는 소강 상태에 빠졌다─옮긴이).

몇 번이나 반복해 말한 것처럼, 북한은 체제를 보장해주면 비핵화에 응하겠다고 주장한다. 그러나 비핵화 교섭은 1차 북미 정상회담 이후 난항 중이다. 2018년 9월에는 문재인 대통령이 평양을 방문하여 김정은과 세 번째 정상회담을 실시하고 「9월 평양 공동선언」 합의서를 발표했다. 한국은 "실질적으로 (한국전쟁의) 종결을 선언"하였으며 "한반도의 비핵화는 (김정은 위원장이) 영변 핵시설의 폐기 의지를 표명한 것으로 실천적 단계에 돌입하였고, 군사적 긴장 완화는 실질적인 불가침을 제도화했다"고 발표했다. 하지만 핵미사일 실험을 중지하고 핵 실험장을 폐쇄한 데 대한 보상으로 일부 제재를 해제하고 '종전'을 선언하자는 북한의 요구에 미국이 난색을 표하는 등 북한은 체제 보장을 약속받지 못했다. 북한이 핵 시설을 숨기고 있다고 의심하는 미국과 비핵화 교섭이 (리비아의 경우처럼) 체제 붕괴를 가져올지도 모른다고 걱정하는 북한. 서로에 대한 불신을 불식시키지 못한 채 두 나라의 교섭은 제자리걸음 중이다.

2019년 2월 톱다운top-down 방식의 타개를 목표로 베트남 하노이에서 두 번째 북미 정상회담이 열렸다. 공동성명이 나왔지만 이날의 회담은 현장에서 파탄에 이르고 말았다. 부시 정권에도 참여했던 네오콘 출신의 존 볼턴 백악관 안보보좌관이 완전 비핵화를 요구하는 일괄 타결식 빅딜을 주장하여, 단계적 비핵화를 추진하려는 북한과 거리를 좁힐 수 없었다고 한다.

오랜 교착 상태에 지쳤는지, 북한은 2019년 5월에 미사일 발사 실험을 재개했다. 하지만 이는 단거리 미사일이었으며 트럼프 대통령은 북한의 행동을 사실상 묵인했다. 북한은 미국과 교섭을 재개할 여지를 점치려 한 것이 틀림없다. 6월 일본에서 열린 G20 정상회담에 참석한 트럼프는 곧장 한국 판문점으로 향했다. 이때 한국, 북한, 미국의 정상이 한자리에서 마주했음에도 '정상외교'는 불발로 끝났다. 판문점 회담에서 약속한 북미 실무자 협의가 재개된 것은 그해 9월 강경파 볼턴이 해임된 이후이다. 그러나 기대와 달리 비핵화를 둘러싼 양쪽의 주장은 평행선을 달렸다.

미국은 제재라는 기본 틀 안에서 인도적 지원 이상의 비제재 조치를 취하겠다고 제안했지만 북한은 반드시 제재를 해제하라고 요구하며 맞부딪쳤다. 북한이 강경하게 나온 배경에는 김정은이 정상회담을 통해 트럼프 대통령과 쌓은 개인적 브로맨스(브라더와 로맨스의 합성어)를 믿었다는 분석도 있다. 북한의 핵과 미사일이라는 '다모클레스의 검(가까운 곳까지 닥쳐온 위험)' 아래에 상시적으로 노출되어 있는 일본에게 한반도의 완전 비핵화는 안보를 위한 필수 조건이다.

다른 한편으로 한국은 변함없이 의연하게 교섭을 추진하려는 의욕을 보이고 있다. 반면에 북한은 한국의 중개보다 북미 양국 정상의 개인적 관계에서 활로를 찾고 있는 듯하다. 북한은 체제 보장과 직결되는 북미 관계의 개선이 최우선이며, 남북 관계 개선은 그다음이라고 여기는 경향이 있다. 하지만 북한이 넘긴 공을 트럼프가 되돌려보내지 않으면서 교착이 이어지고 있다.

군사적 옵션의 비현실성

한반도 평화의 최대 난제인 비핵화를 들여다보자. 북한의 ICBM 포기가 최후의 과제일까? 단거리, 중거리 미사일까지 포함하여 모든 핵을 포기하게 할 것인가? 또 구체적으로 그것을 어떻게 검증할 것인가? 이처럼 비핵화의 내용과 그 전제 조건이 정해지지 않은 채 남아 있다. 만일 시정거리에서 미국을 뺀다는 조건으로 단거리, 중거리 미사일을 북한의 방위 수단으로 인정한다면, 이는 한국과 일본에게 커다란 위협이 아닐 수 없다.

그럼에도 교섭이 결렬되었다고 해서 바로 군사적 옵션으로 이어지지는 않을 것이다. 커다란 희생이 예상되는 한국은 이 선택지를 받아들이지 않을 것이다. 만일 미국이 한국의 동의 없이 독자적으로 북한을 공격한다면, 한국의 협력을 바랄 수 없을 뿐 아니라 최소한 중국과의 국지전을 각오해야 한다. 또 북미 간의 군사대결은 다수의 미군 기지가 위치한 일본에게도 위기이다. 북한은 이미 사실상 핵보유국이며 북미의 전면 충돌이 동북아시아, 더 나아가 세계 경제에 끼칠 영향은 가늠할 수 없을 정도다. 그렇다면 남은 방법은 교섭을 통한 해결밖에 없다.

냉전의 종식으로부터 30년이 지났음에도 북한의 비핵화에 성공하지 못한 것은 '먼저 비핵화를 하면 그때 체제를 보장하겠다'라는 접근 방식이 실패했다는 뜻이다. 그럼에도 여전히 비핵화가 먼저라고 고집하며 양보하지 않는다면 똑같은 상황이 계속 이어질 뿐이다. 북한은 경제적으로도, 사회적으로도 지금까지보다 더 피폐해질 징후가 보인다. 그렇지만 북한의 체제 붕괴를 상정할 근거는 어디에도 없다. 오히려 그러한 관측이야말로 문제 해결을 방해하는 장애물이다.

미국의 대북 정책상의 과오는 비핵화 협상에 북한의 민주화와 시장경제화를 함께 엮으려 한 것이다. 북한 경제는 사회주의 체제로부터 국가자본주의로의 이행기에 있으며, 국가의 존립이라는 안전보장의 문제와 민주화, 시장경제화를 동시에 실현하기란 불가능하다. 반대로 안전보장을 약속한다면 비핵화 교섭도 속도를 내기 시작할 것이다. 이것이 실현되면 시장경제로의 이행이 가능할지도 모르고, 또 힘든 길이겠지만 민주화를 향한 점진적 시도가 싹틀 가능성도 없지 않다. 물론 민주화가 전혀 진행되지 않고 중국형 국가통제사회로 이행할지도 모른다.

북한이 핵을 포기할 가능성

그렇다면 무엇보다 중요한 질문은 '체제가 보장된다면 북한이 정말로 핵을 포기할까?'이다. 검증이 가능하고 불가역적이며 완전한 핵 포기에 북한이 응할까? 핵과 미사일을 협상의 소재로 삼아 미국과 줄다리기해온 북한이 스스로 유리한 카드를 내려놓을 리 없다는 의견도 있다. 하지만 국제 사회가 제재라는 속박을 거두지 않는다면 북한 경제의 곤경이 계속 이어질 것이다. 또 아직 40세도 안 된 젊은 독재자, 심지어 스위스에서 유학을 하는 등 해외 경험이 있는 김정은이 계속 핵을 무기로 세계를 위협하면서 체제를 유지할 수 있다고 낙관하고 있을까? 그렇게 한다면 자신의 말로가 국민에게 곤궁을 강요하다가 결국 혁명으로 처단된 루마니아의 니콜라에 차우셰스쿠와 같을 것이라는 점을 그가 과연 모를까?

만약 우리가 북한은 어떤 조건을 제시하더라도 핵을 포기하거나 비핵화에 응하지 않을 것이라고, 인도나 파키스탄처럼 사실상의 핵보유국으로 승인되기만을 원한다고 판단한다면 북한과의 교섭은 무의미한 일이다. 그렇게 생각한다면 앞으로도 제재와 봉쇄를 강화하면서 북한이 자멸하거나 폭발하기를 기다리면 된다. 하지만 그것이 언제일지 확실히 알 수 없을 뿐 아니라 그 자멸이 어떤 형태로 나타날지, 한반도와 동북아시아에 어떤 영향을 미칠지 예측할 수 없다.

김일성의 시대부터 일관되게 체제를 향한 위협이 없어지면 비핵화 조치를 취하겠다고 말해온 북한의 태도는 의구심을 갖게 한다. 하지만 김정은이 '위대한 할아버지'의 유훈을 거슬러 방침을 바꾸기도 쉽지 않을 것이다. 그렇다면 남은 선택지는 북한이 핵을 사용하지 않을 환경을 조성하기 위하여—마지막 장에서 다시 언급하겠지만—'행동에는 행동, 약속에는 약속'이라는 상호적이고 또 점진적인 접근 방식으로 해결해나가는 길밖에 없다. 구체적으로는 비핵화와 제재 해제를 상호 확증을 통해 단계적으로 실현하면서 신뢰를 키우고, 정전협정을 평화협정으로 바꾸고 북미 연락사무소를 설치하여 국교 정상화 교섭 등을 진행하는 방식을 생각해볼 수 있다. 이런 경우에는 일본, 중국, 러시아 등 주변 각국과 유엔 안전보장이사회가 이를 보증하는 체제를 구축하는 것이 중요하다. 구체적으로는 6자회담을 다국간의 기본 틀로 설정하고 그 속에 북미 양국의 교섭을 포함하여 추진을 보증하는 방안을 상정해볼 수 있다. 이러한 틀은 북한이 단거리, 중거리 미사일을 포기하지 않는 경우에도 억지력으로 작동할 것이며 북한의 체제를 여러 나라가 보장하는 프레임으로도 기능할 것이다.

북한의 완전 비핵화가 어디까지 달성될 수 있을지는 불투명하지만 북한이 ICBM과 영변 핵 시설을 폐기하고 IAEA의 사찰을 받아 NPT에 복귀한다면 미국도 제재 해제에 찬성하리라고 본다. 이 경우 주한미군의 존재가 문제로 떠오를 것이나, 북한은 이미 2000년의 남북 정상회담에서 주한미군의 역할이 바뀐다면 남북의 긴장 완화와 공존 단계에서 주한미군이 과도기적으로 주둔하는 것에 사실상 동의했다. 북미 관계가 호전된다면 북한도 대북 억지력이 아닌 동북아시아 지역의 안전보장을 위한 주한미군의 잠정적 주둔을 인정하지 않을까?

일본은 핵을 보유해야 하는가

모든 문제를 한꺼번에 타협하는 빅딜이 아니라 단계적으로 과정을 밟아갈 경우, 한반도 비핵화 프로세스에 오랜 시간이 걸릴 수밖에 없다. 이 출발점에 설지 말지는 북한과 미국의 정치적 결단에 달려 있다. 그 긴 시간 동안 북한은 잠정적 핵보유국으로 존재할 것이다. 그럼에도 비핵화가 착실히 진전되는 상황이 분명해진다면, 일본의 공포도 서서히 누그러들 것이다. 반대로 기대한 만큼의 성과가 없을 경우 일본에서도 핵무장론이 대두할 가능성이 있다. 일본은 다량의 플루토늄을 보유하고 있으며 핵무기를 개발할 수 있는 기술도 있다. 하지만 재처리 시설을 외국에 의존한다는 점과 핵무기 제조에 필요한 우라늄을 자국에서 조달할 수 없다는 점은 커다란 장애물이다. 또한 일본은 인류 역사상 유일한 피폭국으로서 핵 폐기를 바라는 여론이 무척 강하다. 그리고 일본이 핵보유국이 되는 것을 국제 사회가 원하지 않기 때문에 재처리와 우라늄 수출에 응하는 나라가 없을 것이다. 그럼에도 일본이 핵무기 개발에 나서고자 한다면 IAEA 사찰 거부와 NPT 탈퇴밖에는 방법이 없다. 사토 에이사쿠 내각 시절에도 핵무기 개발을 검토한 적이 있으나 국토가 남북으로 길고 태평양 벨트 지대에 기간산업이 집중된 구조라 핵 전쟁에 불리하기에 단념했다. 핵무장은 기술적으로는 가능하다고 할지라도 현실적으로 불가능한 선택지이다.

납치 문제 해결을 위하여

북한의 핵 위기를 둘러싼 교섭은 지금 정체 상태이다. 하지만 미국과 북한 사이의 연결고리가 완전히 끊어진 것은 아니다. 또 북한이 한국의 적극적인 움직임에 반응을 보이지 않는다고는 해도 그간 남북이 맺어온 다양한 협정과 합의를 백지장으로 되돌리겠다고 선언하지도 않았다. 이런 의미에서 남북의 채널이 완전히 끊겼다고 할 수는 없다. 또 북중, 북러 관계는 그 어느 때보다도 원만하다. 6자회담에 참가한 국가 가운데 유독 일본만이 북한과 직접적인 관계를 형성하지 못한 채 남겨졌다.

지금까지 일본 정부는 북한에 대하여 '납치 문제 해결'이라는 전제를 걸고 압박만 가해왔다. 이는 압도적인 국내 여론을 등에 업은 정책이었지만, 그 결과를 보면 납치 문제의 해결이 더더욱 요원해졌다고 할 수 있다. 비핵화를 우선시한 6자회담에서도, 또 트럼프 대통령이나 문재인 대통령에게 위탁해 북한으로 메시지를 보냈을 때도 상황은 조금도 변하지 않았다.

2019년 5월 아베 총리는 돌연 "전제 조건을 붙이지 않고 북한과 정상회담을 열 용의가 있다"라고 표명했다. 이는 지금까지 압박에 역점을 두었던 대북 정책의 전환을 뜻하지만 그 성과가 눈에 보이지는 않는다. 어느새 납치 피해자의 가족들도 나이가 들었고, 아리모토 게이코有本惠子의 어머니 가요코嘉代子는 딸과 재회하지 못한 채 세상을 떠났다. 안타까운 일이다. 납치 문제의 해결은 일본 국민의 비원이다. 이를 위해서도 북일 간의 직접 교섭은 피할 수 없는 과제이다.

지금까지 북한은 일본의 움직임에 반응을 보이지 않았다. 북한에게는 대미 교섭이 최우선 순위이며, 거기서 체제 보장의 실마리를 찾지 못하는 한 일본과 교섭에 나설 일은 없을 것이다. 애초에 납치 문제의 해결을 촉구하는 북일 양국의 교섭을 북한의 비핵화와 그에 따른 체제 보장을 보증하는 프로세스와 병행해서 추진했어야 한다. 이를 위해서는 압박 일변도가 아니라 제재를 가하면서도 다른 쪽에 출구를 열어주는 전략, 강할 때 강하고 양보할 때 양보할 줄 아는 외교 전략이 필요했다. 그런 복안적 외교 전략 없이, 미국의 대북 외교만 추종한 것이 아베의 한계이다.

미국의 대북 정책은 오바마 정권의 전략적 인내에서 트럼프 정권의 직접 교섭으로 크게 바뀌었다. 그것을 따라가듯 아베 정권은 일체의 조건을 배제하고 북한과의 직접 교섭을 시도하려는 듯 보인다. 하지만 북한은 여기에 반응할 낌새를 보이지 않는다. 이는 틀림없이 일본의 약점을 간파하고 있기 때문이다.

북한은 북미 교섭이 속도를 내기 시작한 뒤에야 일본으로 눈을 돌릴 것이다. 따라서 일본은 북미 교섭의 진전에 어떻게 참여할지 입장을 분명히 해둘 필요가 있다. 일본이라는 문 뒤에 워싱턴으로 통하는 확실한 길이 있다고 북한에게 확신을 주어야 한다는 뜻이다.

한국의 한계와 일본의 가능성

계속해서 교섭을 요청해온 한국에 대하여 북한은 '(한국과) 더 이상 이야기할 일은 없으며 마주할 생각도 없다'라고 퉁명스럽게 대응했다. 2019년 10월에 평양에서 열린 양국의 월드컵 예선전은 무관중 시합이었다. 적의를 한껏 드러낸 북한 선수의 거친 플레이를 보고 한국 측 관계자는 "마치 전쟁 같았다"라고 말했다. 2018년 4월 남북 정상회담 때의 분위기는 완전히 식어버린 듯하다.

'그래서 북한을 신뢰할 수 없다'라거나 '한국은 너무 낙관적이라 실패했다'라는 의견도 있지만, 북한의 태도 변화에는 '남쪽이 먼저 약속을 위반했다'라는 이유가 있다. 비핵화를 둘러싼 북미 교섭이 교착에 빠진 가운데 제재도 풀리지 않았기 때문에 「9월 평양 공동선언」에서 합의한 개성공단과 금강산 관광의 재개, 남북 철도·도로 연결 사업 등이 제대로 추진되지 않았다. 한미합동군사훈련이 규모만 축소되었을 뿐 중지되지 않았다는 점 또한 북한의 불만이다. 김정은은 2019년 「신년사」에서 「판문점선언」과 「9월 평양 공동선언」, 「북남군사분야합의서」는 양국이 무력에 의한 동족상쟁을 종식시킬 것을 확약한 사실상의 불가침 선언이라고 밝혔다. 이런 합의에도 불구하고 북한과의 전투를 시뮬레이션하는 한미합동군사훈련을 실시한 데 대한 강렬한 불만이 바로 북한의 '이유'이다.

「북남군사분야합의서」는 판문점선언에서 약속한 남북의 군사적 긴장 완화 조치로서 2018년 9월에 양국 국방장관 회담에서 채택되었다. 합의서에는 남북의 적대 행위 중지와 비무장지대DMZ의 '평화지대' 전환 등 여섯 개 항목과 이를 실행하기 위한 프로세스 등 상세한 내용이 담겨 있다. 김정은은 「신년사」에서 이 합의를 들면서 "조선반도 정세 긴장의 근원이 된 외부 세력과의 합동 군사훈련을 이 이상으로 허락하지 않을 것이며, 외부에서 전략자산을 비롯한 전쟁 장비를 반입하는 일도 완전히 중지시켜야 한다는 것이 우리의 주장"이라고 힘주어 말했다.

한국은 당연히 북한의 생각을 이해할 테지만, 미국의 제약으로 경제와 군사 분야의 남북 합의를 이행하지 못했다는 딜레마를 가지고 있다. 때문에 주도적으로 행동을 취했음에도 이상과 현실 사이의 간극이 더욱 크게 두드러졌다.

미국에 의존하는 부분이 크다는 조건은 일본도 마찬가지다. 하지만 국력이나 친밀도라는 측면에서 일본은 한국 이상으로 미국에게 중요한 우방이다. 이 부분을 잘 살린다면 한국이 가진 한계를 메우는 데 중요한 역할을 할 수 있다.

아베 정권은 한국과 북한 양국에 강경한 자세를 취하고 있는데, 이런 태도는 일본의 외교적 잠재력을 충분히 활용하고 있다고 평가하기 어렵다. 그러나 아베가 장기간 정권을 유지하고 있는 상황에서, 한반도 나아가 동북아시아의 평화와 안전의 새로운 질서 구축이라는 큰 그림을 그리며 대담한 외교 전략을 세우고 그것을 위한 정치적 선택을 시도하는 것도 불가능하지만은 않을 것이다.

남북한의 통일은 일본에게 위협인가

일본에서는 남북이 통일되면 문재인 정권이 한미일의 안전보장 체제에서 이탈하여 중국과 가까워지려 할 것이라고 우려한다. 그에 미치지 못하더라도 남북한이 가까워지면 두 나라가 함께 일본을 압박할지도 모른다는 걱정도 크다. 또 한반도의 긴장이 완화되면 주한미군이 철수하여 힘의 공백이 생기고, 이를 틈타 북한과 중국이 세력을 넓힐지도 모른다는 불안도 있다. 한반도 허리에 고착되었던 휴전선이 대한해협까지 남하하여 일본의 안보를 흔들 것이라는 걱정이다.

지금까지 한국과 북한이 주고받은 여러 합의의 내용을 이해한다면 이와 같은 '통일 위협론'이 기우에 불과하다는 것을 알 수 있다. 문재인 정부도 따르고 있다고 여겨지는 김대중 전 대통령의 '3단계 통일론'은 완전한 남북 통일에 이르기까지 적어도 30년이 필요하다고 본다. 또한 이것은 통일의 과도기에 미군의 한반도 주둔을 북한이 허용한다는 의지를 표현하고, 평화협정 체결 후에도 동북아시아 지역의 안전보장을 위해 주한미군의 존속을 인정한다는 현실적인 안이었다. 따라서 통일 이후의 한반도가 완전히 중국 쪽에 붙으리라고는 생각하기 어렵다. 남북이 역사적으로 형성해온 중국에 대한 복잡한 감정을 고려한다면 그럴 가능성은 매우 희박하다.

새로운 세력 균형, 새로운 기회

4장에서 서술한 것처럼, 일본은 한국과 국교 정상화를 통해 총 60조 엔 이상의 무역 흑자(누적)를 얻었다. 만일 북한과 국교 정상화가 이루어진다면 또 한 번의 '특수'가 찾아올 것이며, 특히 지리적으로 한반도와 가까운 규슈 지역의 경제에 미치는 영향이 클 것이다.

통일된 한반도의 인구는 8000만 명 정도로, 독일과 비슷한 규모가 될 것이다. 새로운 시장이 창출될 뿐 아니라 남북의 철도와 도로가 연결되면서 한반도는 유라시아대륙의 동쪽 끝에 위치한 물류 거점으로 발전할 것이다. 북한의 지하자원 수출이 증가할 것이고, 중국과의 무역은 물론 블라디보스토크와 시베리아로부터 오는 파이프라인이 연장될 가능성도 있다. 육로 물류는 바닷길을 사용한 물류에 비해 비용과 시간을 크게 줄일 수 있다. 한국은 한반도라는 지리적 한계를 돌파하고 '육지의 고독한 섬'에서 벗어나 유라시아 전역으로 퍼져가는 통상과 교류의 가능성을 열어갈 것이다.

동독과 서독이 통일되었을 때처럼 통일 코리아에도 IMF와 세계은행, 그리고 전 세계 투자가들의 자금이 투입될 것이다. 이것이 바로 미래에 등장할 평화 특수이다. 미국, 중국, 한국의 기업들이 여기에 참가하는 가운데 일본 기업에게도 기회가 생길 것이다.

이처럼 남북의 통일을 일본의 위협이 아니라 새로운 미래의 출현으로 바라보아야 하지 않을까?

한반도를 둘러싼 긴 여정

극적인 남북 정상회담, 북미 정상회담 이후 북미 교섭이 멈춘 지 1년이 흘렀다. 현재 상태에만 초점을 맞추면 앞으로의 전망도 어둡다. 하지만 한반도의 특징은, 중동과 달리 여러 강대국에 둘러싸여 있기에 세력 균형이 작동한다는 데 있다. 이 장에서 서술한 것처럼, 보다 넓은 시야로 보면 현재의 교착 상태를 타개하는 길이 반드시 나타날 것이다. 그리고 그 길은 한반도의 비핵화와 평화 체제가 동시에 구축되어 남북이 국가연합을 통해 교류하며 통일로 나아가는 과정으로 이어질 것이다. 그 과정에서 북일 국교 정상화를 위한 노력도 틀림없이 나올 것이다. 말할 필요도 없이 한반도 엔드게임이라는 길은 결코 평탄하지 않다. 남북이 유엔에 동시 가입한 1991년부터 벌써 30년이 흘렀다. 2000년 첫 남북 정상회담으로부터도 20년이 지났다. 동서 독일의 통일은 유엔 동시 가입 후 17년 만에 흡수합병의 형태로 이루어졌다. 한국전쟁이라는 '열전'을 겪은 남북한의 통일에 그 이상의 시간이 걸리는 것은 어쩔 수가 없다. 하지만 아무리 험하고 먼 길이라 해도 걸어서 돌파하는 수밖에 없다.

과연 일본은 남북과 함께 그 길을 걸으며 적극적으로 관여할 수

있을 것인가? 마지막 장에서는 한반도의 미래와 관련된 일본의
역할을 생각해보겠다.

06

한반도와

일본의

미래

냉전형 패권 경쟁의 종말

이 장에서는 한반도와 일본의 미래와 관련하여 앞으로의 전망을 스케치해보려 한다. 그러기 위해서는 먼저 글로벌한 세계 질서의 변용을 밝혀둘 필요가 있다. 반도와 열도의 미래는 한일, 북일, 남북이라는 2개국 간의 관계에 머물지 않고 동북아시아에 중요한 이해관계가 걸려 있는 미국과 중국, 러시아 등을 포함한 다국간 관계와 연관되어 있다. 더 나아가 보다 글로벌한 세계 질서 및 구조의 권력 재편성과 밀접한 연관이 있다.

이 가운데 새로운 패권 경쟁으로서 미국과 중국의 대립이 부각되면서 '신냉전'이 시작될 것이라는 진단도 현실감을 얻어간다. 미국과 중국 사이의 패권 경쟁과 첨단 기술의 독점을 둘러싼 치열한 다툼 등, 초강대국들 간의 파워게임은 이들이 서로 견제하는 지정학적 요충으로서의 한반도에, 그리고 한반도의 분단 체제에도 영향을 끼칠 것이다.

그런데 냉전의 승자를 자인하는 미국과 신흥 대국 중국 사이에는, 냉전 시절과 같은 각자의 세력권을 암묵적으로 승인하면서 초강대국의 '뒷마당'에는 원칙적으로 간섭하지 않는 '적대적 상호 의존의 룰'이 작동하고 있지 않다. 왜냐하면 세계 2위의 경세대국이 된 중국은, 자본주의적인 세계 질서 속에서 기껏해야 '반半중심'적인 위치밖에 점하지 못했던 구소련과 달리 중심을 점하고 있기 때문이다. 따라서 중국을 봉쇄하려면 미국도 자신의 이익을 희생할 각오를 해야 한다.

중국 과학기술의 첨단 기지라고 일컬어지던 우한에서 발생한 신종 코로나바이러스가 중국 경제의 극단적 침체의 여파와 함께 세계로 확산되어 미국 경제뿐 아니라 글로벌 경제 자체를 흔들고 있다. 세계는 '위기의 편재(옴니크라이시스omnicrisis)'에 빠져 있으며, 어디에도 안전지대가 없다고 해도 과언이 아니다.

역사를 거슬러 올라가면 인류는 1차 세계대전이 끝나가던 1918년에 창궐하여 세계를 뒤흔든 스페인독감을 경험했다. 스페인독감의 대유행으로 당시 세계 인구의 약 30퍼센트 가까운 5억 명이 감염되고 5000만 명 이상이 사망했다. 일본에서도 약 40만 명이 이 전염병으로 사망했다. 단기간에 엄청난 수의 사망자를 냈다는 점에서 스페인독감은 총력전이었던 1차 세계대전의 참화를 능가했다. 역사에 '만약'은 없지만, 스페인독감이 1차 세계대전 초기에 세계로 확산되었다면 그토록 오랜 시간에 걸쳐 참호전과 총력전을 치르기란 불가능하지 않았을까? 그랬다면 전쟁의 희생자는 훨씬 적었을지도 모르겠다.

1차 세계대전이 끝난 뒤 미국의 '윌슨주의'와 소련의 '레닌주의' 간의 이데올로기 대립에서 시작되었다고 일컬어지는 냉전 시대에는 '비전통적 안전보장'상의 문제—기후 변화, 테러리즘, 해적, 국경을 초월한 범죄, 빈곤, 전염병 등—가운데 전염병의 팬데믹이 평화와 전쟁, 주권국가와 군사력, 동맹과 집단 안전보장, 군축과 세력 균형 같은 '전통적 안전보장'상의 문제보다 심각해지는 상황을 상정하지 않았다. 하지만 스페인독감의 창궐은 전염병의 팬데믹이 총력전 이상의 피해를 초래할 수 있음을 1910년대 말에 이미 보여주었다.

그로부터 약 100년이 지났다. 세계는 지구적 규모의 상호 의존의 총체가 되었다. 이제 스페인독감만큼 팬데믹위기지수PSI(Pandemic Severity Index)가 높지 않더라도 미지의 전염병이 글로벌한 공급 사슬을 끊고 국경을 넘어 순환하는 물류와 정보, 더 나아가 인간의 활동을 가로막는 벽이 될 수 있음이 밝혀졌다. 글로벌한 세계란, 그 높은 상호 의존도 때문에 시스템의 취약성이 비상하게 증가한 세계이기도 하다. 이 점은 적대적 관계에 있는 국가들이 '비전통적 안전보장'의 문제를 해결하기 위해 타협과 협력으로 향할 가능성을 뜻하기도 한다. 신종 코로나바이러스의 위기가 새로운 가능성을 열어줄지도 모르겠다.

그렇다면 더 이상 중국의 손실이 미국의 이익이며 미국의 손실이 중국의 이익이라는 제로섬 게임 같은 냉전형 패권 경쟁으로는 세계의 질서를 안정시킬 수 없다. 새로 등장한 이 패턴은 남북 관계에도, 또 한일 관계에도 적용될 수 있을 것이다.

적대적 교리로부터의 자유

그럼에도 불구하고 한반도의 평화와 동북아시아의 안정을 위해 타협하고 협력할 '가능성'이 생겼다가 사라져버리는 까닭은 무엇일까? '친구 아니면 적'(정치의 근본을 적과 친구/동지를 구별하는 것으로 보았던 카를 슈미트Carl Schmitt의 정치 이론을 배경으로 한 표현이다—옮긴이)이라는 구도를 '자유 대 예속', '문명국 대 불량 국가', '빛의 나라 대 어둠의 나라'와 같이 둘로 나누는 '십자군 정신'이 걸림돌로 작용하기 때문이다. 냉전은 '자유주의 대 공산주의'로 대립한 정치·종교 간의 생사를 건 싸움이었다. 미국과 소련이라는 초강대국이 직접 전쟁을 하지는 않았지만 국지전과 내전이라는 형태로 세계 곳곳에서 섬멸전이 전개되었다. 한반도는 그런 흐름이 본격적으로 드러난 첫 무대였다.

이항 대립의 교리는 "인간이 항상 복종해야 하는 가장 두려운 폭군"이며, "전쟁을 원한다면 교리를 키워라"(윌리엄 섬너William G.

Sumner를 참조하라)라는 시니컬한 교훈은 부시 정권의 네오콘이 밀어붙인 아프가니스탄전쟁과 이라크전쟁에도 적용된다. 이것이 남북 공존으로 가는 흐름을 뒤집고 결국 파탄으로 몰고 간 과정은 3장에서 살펴본 대로이다.

십자군 정신의 교리는 결코 미국만의 문제가 아니었다. 그와 닮은 생각이 한국과 일본에서도 모습을 바꾸어 나타났다. '반공 십자군'의 최전선에 서 있던 지난날 군사독재 치하에서 한국이 품었던 적개심도 그것의 변주였고, 북한에 의한 일본인 납치 사건이 밝혀진 뒤 북한을 바라보는 일본의 시선에도 다분히 십자군 정신이 살아 있다. 북한이 '남진 통일'을 내걸었던 시절에도 마찬가지의 정신이 충만했을 터이다. 북한 연구자와 전문가 중에는 북한이 핵 위협으로 한국을 공갈 협박하여 남북 통일을 달성하려 한다고 분석하는 이들도 있다. 이것은 완벽한 오판이다. 동북아시아 최빈국인 북한이 핵 실험을 하고 미사일을 발사하며 벼랑 끝 전술을 휘두르는 모습에서 드러나는 것은 그들의 강함이 아니라 약함이다(물론 핵이 파괴적인 흉기라는 사실은 말할 필요도 없다).

국제 정치도 인간이 하는 일이다. 당연히 상황에 따라 조건이 달라지기 마련이고, 그 조건은 상대적이며 타협할 여지도 있다. 신종 코로나바이러스의 팬데믹화로 인해 냉전형 전략적 사고는 큰 폭의 수정이 필요해졌다. '비전통적 안전보장' 이슈가 체제와 가치관을 놓고 갈등하던 국가들 사이에서 교섭을 촉진하는 동력이 될 수 있을지도 모르겠다.

양자간/다자간 교섭과 일본의 역할

핵이라는 최종 병기의 존재가 '비전통적 안전보장' 분야에서의 국가 간 타협과 협력을 막는 '전통적 안전보장'상의 최대 위협이라는 사실은 부정할 수 없다. 북한 핵 위기의 시작과 과정은 2장과 3장 그리고 4장에 쓴 대로다.

신종 코로나바이러스의 급속한 확산은 미국 대통령 선거에 커다란 영향을 주고 있으며 그 결과가 분명해지기 전까지 미국은 북한과 본격적인 교섭에 나설 여유가 없을 것이다. 또 감염 확산과 함께 경제가 얼어붙으면 대통령의 리더십에 물음표가 달리기 마련이므로 트럼프 정권은 당분간 국내 문제에 집중할 수밖에 없다. 북한도 중국과의 국경을 폐쇄하고 신종 코로나바이러스라는 보이지 않는 적을 봉쇄하기 위해 필사적인 노력을 기울이고 있다. 그들 또한 '생존 경제'를 유지하기에 급급한 상태가 아닐까 한다. 2020년에 4번에 걸쳐 단거리 미사일을 발사한 것도 내부 단결을 위한 '보여주기'로 간주된다. 당분간 북한도 상황을 주시하며 기다릴 수밖에 없을 것이다.

팬데믹화한 보이지 않는 적이 온 세상의 운명을 좌지우지하는 지금이야말로 한반도 분단 체제 해체의 최대 장애물인 북핵 문제를 해결하는 데 뜻을 모을 절호의 기회이다.

이제 때가 무르익었다. 이 책에서 거듭 밝힌 것처럼 비핵화는 세월을 요하는 머나먼 여정이 될 것이다. 미국의 유력 전문가들은

'완전한 비핵화'에는 최소한 15년이 걸린다고 예상한다. 이미 트럼프 정권은 속전속결의 일괄타협 방식 대신—아직 모호한 형태이기는 하나—2005년 「제4차 6자회담 공동성명」에 가까운 접근 방식을 취하고 있다. 요컨대 '완전하고 검증 가능하며 돌이킬 수 없는 비핵화CVID(조지 부시 행정부 1기에 수립된 북핵 해결의 원칙)'를 사실상 포기하고 '최종적이고 완전히 검증된 비핵화FFVD(2018년 7월 마이크 폼페이오 국무장관의 3차 방북을 앞두고 미 국무부가 제시한 개념)'를 목표로 하고 있다.

이는 명백히 제4차 6자회담의 다섯 번째 합의 사항인 "6자는 '공약 대 공약', '행동 대 행동' 원칙에 입각하여 단계적 방식으로 상기 합의의 이행을 위해 상호 조율된 조치를 취할 것"의 실현이 한 걸음 더 가까워졌음을 의미한다. 여기서 말하는 '상기 합의' 가운데 특히 중요한 것은 "동북아시아의 항구적인 평화와 안정을 위해 공동 노력"을 하고 "직접 관련 당사국들은 적절한 별도 포럼에서 한반도의 항구적 평화 체제에 관한 협상을 가질 것이다"라는 문구이다. 단계적이고 점진적인 접근 방식으로 북한의 비핵화를 향해 나아가며 정전협정 체제하의 분단을 끝내고 항구적인 평화협정 체제로 이행하는 남북, 미중, 그리고 일본과 러시아를 더한 다국간 평화 구축의 틀이 여기에 제시되어 있다.

그럼에도 북미 교섭이 결정적 난관을 돌파하지 못하고 현재에 이르렀다. 북미 두 나라가 오랫동안 갈등하며 쌓인 불신이 양국 관계의 근간에 자리 잡고 있기 때문이다. 비핵화는 핵 실험의 완전 정지를 출발점으로 한다. 미국은 지금 북한이 이행한 조치는 핵무기 하나를 폐기하고 미사일 발사 시설 한 군데를 폐쇄한 것에 지나지 않는다고 보고 있다. 애초에 핵 실험을 완전히 정지했는지조차 의심하는 듯하다. 비핵화의 두 번째 단계는 핵 개발 정책의 전환이며, 그다음은 핵 개발 정책 자체를 완전히 폐기하는 것을 상정하고 있다. 이와 관련하여 미국은 북한이 우라늄이나 플루토늄을 비축하고 있으며, 액체 연료 대신 고체 연료형 탄도미사일을 제조하여 발사 거점을 확대하고 있다고 보는 듯하다. 또한 북한이 핵무기 폐기의 절차와 프로세스를 미루거나 혹은 숨기고 있지 않은지도 의심한다.

북한 측의 불신 또한 만만치 않다. 미국이 자신들을 서서히 무장 해제시켜 알몸으로 만든 후, 결국에는 리비아의 카다피Muammar Gaddafi처럼 제거하려는 것이 아닌지 의심하는 듯하다. 다만 '리비아 방식'을 따라 북한이 '전략적 결단'을 내리지 않을 수 없도록 압박을 가해 핵 관련 시설을 한꺼번에 파괴하자고 주장하던 강경파 볼턴이 면직된 경위를 볼 때, 트럼프 정권이 단계적이고 점진적인 접근 방식으로 기울고 있음은 분명하다.

문제의 핵심은 '검증'이다. 미국은 검증에 방점을 두고 있지만, 북한이 얼마나 많은 핵무기를 보유하고 있으며 어떤 시설을 가지고 있는지 전모를 파악할 수 없다. 이런 상태로 미국이 검증에 나선다면 포괄적이고 정확한 실태를 파악할 수 없다. 결국 북한의 신고가 얼마나 객관적이며 정확한지에 관한 검증이 필요한데, 여기에는 "크레타 사람들은 모두 거짓말쟁이다"라고 말한 크레타인 에피메니데스Epimenides의 역설 같은 딜레마가 내재되어 있다.

이 딜레마를 돌파할 방법은 없을까? 지난 70여 년간의 정전 상태에서 쌓일 대로 쌓인 북미의 불신을 풀어내는 것밖에 방법이 없다. 그러기 위해서는 약속에는 약속, 행동에는 행동이라는 상호주의와 호혜주의를 바탕으로 북한에 대한 일부 제재를 해제하고 남북 간의 도로와 철도를 포함한 왕래와 경제 교류를 실시해야 한다. 북한도 응당 해야 할 핵무기의 부분적 폐기와 핵 관련 시설의 부분적 해체를 이행해야 한다. 이를 반복해나가면 북미 간에도 서서히 신뢰가 싹틀 것이다. 핵 폐기가 북한에도 이익이라는 확신을 줄 수 있다면 틀림없이 에피메니데스의 역설에서 벗어날 돌파구가 열릴 것이다.

전쟁은 최악의 선택이라는 점이 이미 이라크전쟁에서 증명되었다. 이는 전쟁의 승리가 국익으로 이어지지 않는다는 사실을 가르쳐준 역사의 예이다. 이제 북한은 사실상의 핵보유국이 되었다. 이 사실을 인정하고 그 위에서 비군사적 수단을 통한 문제 해결을 도모하는 것 외에 다른 방법은 없다. 그럼에도 무력행사를 외치는 사람이 있다면 한스 모겐소의 『국가 간의 정치』의 한 대목을 들려주고 싶다.

대외 정책의 목적은 상대적이고 조건적이다. 그것은 상대방의 사활이 걸린 이익에 위해를 가하지 않으며 자국의 이익을 지키기 위하여 필요한 만큼 상대 측의 의사를 굽혀달라고 한다—쳐부수는 것이 아니다—는 것이다. 대외 정책의 방법 또한 상대적이고 조건적이다. 왜냐하면 그 방법은 길의 장애물을 파괴하며 전진하는 것이 아니라 장애물 앞에서 후퇴하거나 그것을 포위하거나 그 주위에 책략을 두르거나 더 나아가 설득, 교섭 및 압력에 의해 그것을 천천히 완화하고 해소하기 때문이다.

불길하고 치명적인 비전통적 안전보장의 문제로 북한 또한 위기에 처한 지금, 우리에게는 모겐소가 지적한 것 같은 유연한 접근법이 필요하다. 이는 결코 북한의 비위를 맞추는 일방적 이타 행위가 아니다. 오히려 대외 정책을 현실주의적 관점에서 풀어나가기 위해 필요한 조치이다. 비핵화 문제가 쾌도난마식으로 한꺼번에 해결되기를 기대하는 것은 불가능한 희망에 지나지 않는다. 관련국 사이에 신뢰를 하나하나 쌓아올리는 길 외에 다른 방법은 없다.

그럼에도 북한이 불신을 떨쳐내지 못할 경우에는, 북미 양국 간 협의에 지금은 중단된 6자회담을 조합하여 일본, 중국, 러시아가 북한의 안전을 보장하는 다국간 안전보장의 프레임을 복구해야 한다. 이미 제4차 6자회담에서 한반도의 항구적인 평화와 안정은 일본, 미국, 중국, 러시아를 포함한 동북아시아의 안전보장과 연동된다고 표명했다. 뒤집어 말하면, 한반도의 분단 체제를 끝내고 그것을 평화협정 체제로 이행시켜 이 지역에 평화와 안정을 불러

오는 일과 동북아시아 지역의 안전보장이 동시에 진행된다는 것이다. 이 지점에서 일본의 대응이 매우 중요하다.

일본은 한국과 갈등을 겪고 있으며 북한과는 관계가 단절되어 있지만, 그럼에도 미국의 가장 친밀한 동맹국이며 중국 및 러시아와도 원만한 관계를 유지하고 있다. 6자회담의 무대를 베이징만이 아니라 도쿄에도 설정한다면 일본이 의장국이 되어 북미 교섭을 뒷받침하는 동시에 납치 문제의 해결을 향한 북일 양국 교섭을 타진할 기회도 잡을 수 있을 것이다. 이는 일본이 한반도 분단 체제 극복의 촉매 역할을 담당할 가능성으로도 이어질 것이다. 또한 그 결과 북한의 위협이 줄어들면 일본의 안전보장 비용 역시 큰 폭으로 줄일 수 있다.

더 나아가 6자회담에 바탕한 다국간 안전보장 프레임이 제도화된다면 그것을 동북아시아판 CSCE로 발전시키는 것도 꿈에 그치지 않을 것이다. 그렇게 된다면 중국의 패권 확대를 다국간 안보의 틀 안에 가두는 동시에 또 미국과 중국 간의 소모적인 대립도 억제할 수 있다. 이는 일본이 자국의 안전보장을 미일 동맹에만 의지하는 '현상 유지'에서 벗어나 동북아시아의 다국간 안전보장 프레임으로 무게중심을 이행하는 데 결정적인 돌파구가 되리라. 안전보장이라는 측면에서는 미국과, 무역과 경제라는 면에서는 중국과 균형을 맞추면서 국익을 확보하고 유지하지 않으면 안 된다는 점에서, 한국과 일본은 공통 과제를 안고 있다. 양국의 협력 강화는 상호 이익을 실현할 뿐만 아니라 양국의 미래를 위해서도 필수적이다.

팬데믹을 통해 명백해지고 있듯이 그때그때의 상황 변화에 순응하는 패턴에서 벗어나 주도적으로 문제를 해결하는 대응이 그 어느 때보다 절실해졌다.

지금까지 이 책에서 말한 것처럼 한국과 일본이 보다 친밀한 동북아시아의 파트너로 자리매김하고 현재의 문제에 유연하게 대응해나간다면 두 나라가 함께 봉착한 '한계'로부터 벗어날 돌파구를 찾아낼 수 있지 않을까? 그 경제적 청사진에 관해서는 이미 5장에서 서술했다.

메이지 이후 국민국가 체제가 동아시아를 석권하는 가운데 신흥 제국으로 발흥하던 일본은 활의 형상을 한 한반도를 일본열도를 찌를지도 모르는 '지정학적 비수'로 간주했다. 전후에도 비슷한 생각이 유지되었다.

하지만 고대사로 거슬러 올라가면 동해로 뻗은 한반도는 대륙의 최첨단 문화를 열도로 전달해주는 유방乳房 같은 존재였다. 21세기에 걸맞는 한반도와 일본의 미래는 반도와 열도의 유구한 역사를 가슴에 새기고 동북아시아를 향해, 더 나아가 유라시아를 향해 협력해나가는 것이 아닐까? 어쩌면 팬데믹이라는 화禍가 그 계시일지도 모른다.

마치며

20년 전, 그러니까 한국전쟁 발발 50주년이 되던 해에 두 명의 '김'(김대중과 김정일)에 의한 역사적 남북 정상회담이 실현되었다. 그때 나는 '사격 중지' 상태로 동결되었던 정전협정 체제를 끝내고 평화협정을 체결하는 '포스트 한국전쟁' 시대가 곧 오리라고 기대했다.

남과 북의 두 지도자가 악수를 하는 극적인 장면에 감동한 나머지 나는 그만 눈물을 흘리고 말았다. 그해에 학창 시절 한국의 민주화를 위하여 고락을 함께했던 나의 절친한 친구가 급성 암으로 세상을 떠났다. 상실감이 컸던 만큼 남북이 화해하는 장면이 내 마음을 더 세게 두드렸다. 밀려드는 고양감 속에서 나는 '보답을 받았다'는 기분이 들었다. 청춘의 한 장면이었을지언정 우리가 심혈을 기울이던 활동들이 기억에서 되살아났다. 친구를 잃은 슬픔과 함께 미래에 대한 희망이 가슴에서 부풀었다.

하지만 그 후 북일 정상회담에서 납치 문제가 공공연한 사실로 드러나고 북한이라는 국가의 바닥을 알 수 없는 어두움과 비인도적 경향이 지탄의 대상이 되면서 남북 정상회담을 향해서도 비판이 쏟아졌다. 남북의 교류, 양자의 화해와 공존을 바라던 김대중전 대통령의 햇볕정책에 대한 비난도 점점 강도가 세졌다.

나는 김대중 대통령 생전에 이런 질문을 한 적이 있다. "김정일이라는 사람은 어떤 사람입니까?" 그는 눈을 감고 한동안 생각에 잠겼다. 얼마 뒤 "영리한 사람입니다"라는 대답이 들렸다. "하지만, 독재자입니다." 그는 마디마디에 힘을 주며 토하듯 말을 이었다. 그때 그의 가슴속에서 떠오른 것은 몇 번이나 자신의 생명을 빼앗으려 하고, 가족의 평온을 무자비하게 짓밟고 수많은 친구와 운동가와 민중을 죽음으로 몰아넣었던 독재자 박정희 전 대통령의 모습 아니었을까? 그 독재자를 가장 미워한 이가 바로 김대중 대통령이었다. 그가 나에게 말했다. "한 번이라도 좋으니 박정희 씨를 만나고 싶었소. 그리고 말하고 싶었지. 나는 당신의 적이 아니고 당신도 나의 적이 아니며, '우리는 라이벌입니다'라고." 그의 눈에 눈물이 고여 있는 것이 희미하게 보였다. 나는 그때 느낀 고요한 감동을 잊을 수가 없다.

김대중 대통령은 남북 정상회담을 통해 북쪽의 독재자를 만날 수 있었다. 누구보다도 독재자를 미워하면서도 적이 아닌 라이벌로서의 관계를 만들고자 한 김대중. 그의 햇볕정책의 바탕에 있는 것은 '무슨 일이 있어도 전쟁은 반드시 피해야 한다. 두 번 다시 그런 내전을 되풀이해서는 안 된다'는 물러설 수 없는 결의가 아니었을까?

북한의 인권 탄압은 결코 가볍게 볼 사안이 아니다. 또한 안보리 결의에도 불구하고 미사일을 실전 배치하거나 거듭 시험 발사하는 태도는 할 말을 잃게 한다. 하지만 그럼에도 끈기 있게 좁고 험한 길을 돌아 평화의 광장으로 나아가겠다! 이것이 햇볕정책의 목표였다. 김대중 대통령이 남긴 유산은 지금도 확실히 계승되고 있다.

어떤 의미에서 이 책은 김대중 전 대통령과의 만남을 통해 접한 햇볕정책을 내 나름의 견식과 표현으로 다시 풀어 써보려는 시도였다.

신종 코로나바이러스가 세상을 뒤흔들고 전 세계적 대공황을 초래할지도 모르는 지금, 이제 적개심과 증오를 부채질하는 대결형 정치에 남은 것은 자멸뿐임이 분명해졌다. 이런 의미에서 햇볕정책이 바로 지금 한반도와 일본의 미래를 고민하는 우리에게 현실적 선택지로 떠오르고 있다고 할 수 있다. "북한이 고자세를 취하며 엄포를 놓는 것도 약자의 강박 관념이다. 설득하고 다독이고 쓰다듬어야 한다." 김대중 대통령의 말을 지금 한 번 더 곱씹어야 하지 않을까?

이 책을 정리하면서 가토 유코에게 큰 신세를 졌다. 그의 뛰어난 이해력과 온화한 인간성에 얼마나 많이 기댔는지 모른다. 여기에서 진심 어린 감사를 전한다.

또 젊은 편집자 이시토야 게이가 물심양면으로 수고해주지 않았다면 이 책은 햇빛을 볼 수 없었다. 특히 자료를 구하는 일에서 그에게 많은 도움을 받았다. 감사의 마음으로 가득하다.

그리고 20년 동안 나의 책을 편집해준 오치아이 가쓰히토에게 감사의 말을 전한다. 그의 활달하고 예리한 지적에 항상 큰 깨달음과 배움을 얻고 있다.

마지막으로 이 책은 어떤 의미로는 고 김대중 대통령에 대한 오마주로서 세상에 내는 것임을 이 자리에 밝혀두고 싶다.

2020년 4월 12일
강상중

오랜만에 화창한 오후다. 지난밤부터 내린 차가운 비가 그치고 검은 구름이 물러가더니 유치원으로 따뜻한 햇살이 쏟아져내렸다. 차갑게 언 유치원 마당에서 아이를 기다리는 학부모들의 얼굴에 마스크로도 감출 수 없는 웃음꽃이 피어올랐다. "아, 따뜻해." 여기저기서 기쁨의 감탄사가 터져 나왔고, 인사를 나누는 목소리가 반갑게 들렸다.

2021년 초, 코로나 확진자가 폭발적으로 증가하자 일본 정부는 긴급사태를 선언했다. 하지만 2020년 봄과 같은 마스크나 위생 용품, 식료품 품절 사태는 일어나지 않았고 학교도 새 학기를 시작했다. 대신 밤늦게까지 문을 열던 식당이나 술집의 영업 시간은 저녁 8시까지로 제한되었다.

그럼에도 환자와 사망자는 계속해서 늘어나고 있고 병실은 부족하다. 곧 시작될 듯했던 의료진의 백신 접종은 초여름으로 미뤄졌다. 2월 초로 예정했던 긴급사태 해제를 한 달 뒤로 연기한다는 소식도 들려왔다. 상황은 계속 나빠지고 있지만 일단은 일상으로 돌아왔고, 사람들은 익숙해진 듯 또는 체념한 듯 보였다. 이것이 '위드with 코로나 시대'로구나 싶었다.

길에는 언제나처럼 사람이 많다. 시장이나 전철역, 상점가도 마찬가지다. 마스크를 썼을 뿐, 사람들은 평소처럼 살아간다. 대신 긴급사태 선언을 의식한 탓인지 마스크를 두 장 이상 겹쳐 쓴 사람들이 보였다. 나도 부랴부랴 인터넷으로 KF94마스크를 주문했다. 작년에는 한국에서 오는 우편물이 몇 번이나 예고 없이 지연되곤 했다. 이번에도 언제 올지는 알 수 없지만 우선 주문을 했다. 그나마 KF94마스크를 특별한 통관 절차 없이 받을 수 있게 되어서 다행이다.

그런데 김치는 아직도 금지 품목이다. 비행기가 언제 뜰지 모르는 상황이다 보니 종종 수화물 창고에서 김치 통이 폭발한다고 했다. 한국산 수입 김치의 가격까지 오른 탓에 이번에는 직접 김장을 했다. 김칫소를 만들 재료를 구하기 어려운 이곳에서 김치를 담그다니, 이전에는 상상조차 못 할 일이었지만 말이다. 그런데 나만 그런 것이 아닌 모양이다. 다른 한국인 가정에서도 배추김치를 비롯하여 깍두기, 소송채(일본의 국민 채소로 불리는 잎채소이다. 생김새는 시금치와, 맛은 열무와 비슷하다)김치 등을 담갔다는 이야기를 들었다. 일본에 거주하는 한국인들이 직접 김치를 담그면서 시작된 한국 음식에 대한 열망은 떡볶이, 냉동 만두, 호떡, 찹쌀도넛, 육개장, 추어탕 등으로도 번져갔다. 집에서 세 끼니를 다 해결해야 해서였는지 내 나라의 그리운 집으로 오랫동안 돌아가지 못할 것 같은 안타까움 때문이었는지, 나는 밤마다 매운 음식을 먹으며 한국 뉴스를 검색하고 한국 드라마를 보았다. 그러다 문득 내가 얼마나 우리나라를 사랑하는지 깨달았다. 한국의 훌륭한 방역 조치 때문도 아니었으며 세계로 뻗는 케이팝과 한류 문화의 위상 때문도 아니었다. 그저 내가 한국 사람으로 태어나, 한국인이라는 정체성을 갖고 있기 때문이었다. 그러자 비로소 '자이니치'로 불리는 특별 영주권자들의 특별한 한국 사랑을 이해할 수 있을 것 같았다.

『한반도와 일본의 미래』를 우리말로 옮기는 동안 한국과 일본, 두 나라를 향한 지은이의 사랑에 많이 놀라고 두려웠다. 책의 내용은 한국과 일본에만 국한되지 않고 한반도와 한반도를 둘러싼 이웃 나라에까지 닿는다. 북미 관계를 다루는 비중도 상당히 높다. 어조는 건조하고 시종일관 객관성을 유지하려 부단히 노력한다. 그럼에도 지은이의 절절한 마음이 숨겨지지 않으니, 도대체 어쩌란 말인가. 만약 한국의 독자에게 이 사랑이 느껴지지 않는다면 어떡하나, 걱정스러웠다. 그것을 고스란히 전달하기 위해서 부족한 부분을 공부하고 주변에 도움을 구하기도 했다. 그럼에도 부족한 부분이 있다면 전적으로 나의 잘못이다.

그리고 보니 김대중 대통령에 대한 오마주라고 밝힌 이 책이, 강상중과 김대중 두 사람의 따사로운 시선과 뜨거운 열정이 차갑

게 식었던 내 마음을 덥혀준 것 같다. 그래서 철갑처럼 둘렀던 딱
딱하고 무거운 외투를 벗긴 오늘 오후의 햇살이 유달리 따뜻하게
다가왔는지도 모르겠다. 내일은 비가 내리고 다시 추워진다고 한
다. 하지만 이 햇볕을 기억하는 한 찬 바람이 다시 불어온다 하여
도 절망하지 않으리라.

2021년 2월 일본에서
노수경

부록

[한반도와 일본의 미래에 관해 생각할 때 도움이 되는 기본서]

[한반도와 일본을 둘러싼 중요한 조약·합의·선언]

1. 「대한민국과 일본국 간의 기본관계에 관한 조약」

2. 「남북 사이의 화해와 불가침 및 교류·협력에 관한 합의서」

3. 「21세기 새로운 한일 파트너십 공동선언」

4. 「6·15 남북 공동선언」

5. 「조선민주주의인민공화국과 미합중국 사이의 공동 콤뮤니케」

6. 「조일 평양선언」

7. 「제4차 6자회담 공동성명」

8. 「한반도의 평화와 번영, 통일을 위한 판문점 선언」

9. 「북미 정상회담 공동성명」

10. 「9월 평양 공동선언」

[한반도와 일본의 미래에 관해 생각할 때 도움이 되는 기본서]

다음의 책들은 적확한 자료와 실증을 바탕으로 한 양질의 연구서와
정치 지도자가 쓴 자서전이다. 이 책을 집필하는 데 크게 도움이 되었
다. '한반도와 일본의 미래'에 관하여 더욱 깊이 생각해보고 싶은 이
들에게 꼭 한 번 읽어볼 것을 권한다.

김대중,『김대중 자서전』(전2권), 삼인, 2010.

문재인,『문재인의 운명』, 가교, 2011.

임동원,『피스메이커』, 중앙북스, 2008.

최장집,『한국민주주의의 이론』, 한길사, 1993.

최장집,『한국민주주의의 조건과 전망』, 나남출판, 1996.

大沼久夫,『朝鮮分斷の歷史 1945年~1950年』, 新幹社, 1993.

李鍾元,『東アジア冷戰と韓美日關係』, 東京大學出版會, 1996.

李鍾元,『朝鮮半島 危機から対話へ: 変動する東アジアの地政圖』, 岩波
    書店, 2018.

樋口雄一,『日本の朝鮮·韓國人』, 同成社, 2002.

和田春樹,『金日成と満州抗日戦争』(와다 하루키 지음, 이종석 옮김,『김일성
    과 만주항일전쟁』, 창비, 1992), 平凡社, 1992.

和田春樹,『北朝鮮: 遊擊隊國家の現在』(와다 하루키, 서동만·남기정 옮김,
    『북조선: 유격대국가에서 정규군국가로』, 돌베개, 2002), 岩波書店, 1998.

和田春樹,『朝鮮戦争全史』, 岩波書店, 2002.

和田春樹,『北朝鮮現代史』(와다 하루키, 남기정 옮김,『와다 하루끼의 북한 현
    대사』, 창비, 2014), 岩波書店, 2012.

高崎宗司,『檢證 日韓會談』(다카사키 소지, 김영진 옮김,『검증 한일회담』, 청

수서원, 1998), 岩波書店, 1996.

Andrei Lankov, *The Real North Korea: Life and Politics in the Failed Stalinist Utopia*(안드레이 란코프, 김수빈 옮김, 『리얼 노스코리아』, 개마고원, 2013), Oxford Univ Press, 2013.

Bruce Cumings, *The Origins of the Korean War*, vol. 1, 2(브루스 커밍스, 김자동 옮김, 『한국전쟁의 기원』, 일월서각, 1986), Princeton Univ Press, 1981.

Don Oberdorfer & Robert Carlin, *The Two Koreas: A Contemporary History*(돈 오버도퍼·로버트 칼린, 이종길·양은미 옮김, 『두 개의 한국』, 길산, 2014), 3rd Revised, Perseus Books Group, 2013.

Stephan Haggard & Marcus Noland, *Famine In North Korea: Markets, Aid, and Reform*(스테판 해거드·마커스 놀랜드, 이형욱 옮김, 『북한의 선택: 위기의 북한 경제와 한반도 미래』, 매일경제신문사, 2007), Columbia Univ Press, 2007.

1.「대한민국과 일본국 간의 기본관계에 관한 조약」

1965년 6월 22일 도쿄에서 서명
1965년 12월 18일 발효

대한민국과 일본국은,
양국 국민 관계의 역사적 배경과 선린 관계와 주권 상호 존중의 원칙
에 입각한 양국 관계의 정상화에 대한 상호 희망을 고려하며, 양국의
상호 복지와 공동 이익을 증진하고 국제 평화와 안전을 유지하는 데
있어서 양국이 국제연합 헌장의 원칙에 합당하게 긴밀히 협력함이 중
요하다는 것을 인정하며, 또한 1951년 9월 8일 샌프란시스코시에서
서명된 일본국과의 평화조약의 관계 규정과 1948년 12월 12일 국제
연합 총회에서 채택된 결의 제195(Ⅲ)호를 상기하며, 본 기본관계에
관한 조약을 체결하기로 결정하여, 이에 다음과 같이 양국의 전권위
원을 임명하였다.

대한민국   일본국
외무부장관 이동원   외무대신 시이나 에스사부로
특명 전권대사 김동조   다카스기 신이치

이들 전권위원은 그들의 전권 위임장을 상호 제시하고, 그것이 양호
타당하다고 인정한 후, 다음의 제 조항에 합의하였다.

제1조

양 체약 당사국 간에 외교 및 영사 관계를 수립한다. 양 체약 당사국은 대사급 외교사절을 지체 없이 교환한다. 양 체약 당사국은 또한 양국 정부에 의하여 합의되는 장소에 영사관을 설치한다.

제2조

1910년 8월 22일 및 그 이전에 대한제국과 대일본제국 간에 체결된 모든 조약 및 협정이 이미 무효임을 확인한다.

제3조

대한민국 정부가, 국제연합 총회의 제195(Ⅲ)호에 명시된 바와 같이, 한반도에 있어서의 유일한 합법 정부임을 확인한다.

제4조

(가) 양 체약 당사국은 양국 상호 간의 관계에 있어서 국제연합 헌장의 원칙을 지침으로 한다.
(나) 양 체약 당사국은 양국의 상호의 복지와 공통의 이익을 증진함에 있어서 국제연합 헌장의 원칙에 합당하게 협력한다.

제5조

양 체약 당사국은 양국의 무역, 해운 및 기타 통상상의 관계를 안정되고 우호적인 기초 위에 두기 위하여 조약 또는 협정을 체결하기 위한 교섭을 실행 가능한 한 조속히 시작한다.

제6조

양 체약 당사국은 민간 항공운수에 관한 협정을 체결하기 위하여 실행 가능한 한 조속히 교섭을 시작한다.

제7조

본 조약은 비준되어야 한다. 비준서는 가능한 한 조속히 서울에서 교환한다. 본 조약은 비준서가 교환된 날로부터 효력을 발생한다.

이상의 증거로서, 각 전권위원은 본 조약에 서명 날인하였다.
1965년 6월 22일 도쿄에서, 동등히 정본인 한국어, 일본어 및 영어로 본서 2통을 작성하였다. 해석에 상위가 있을 경우에는 영어본에 따른다.

대한민국을 위하여   일본국을 위하여
이동원   시이나 에스사부로
김동조   다카스기 신이치

출처: 주일한국대사관 홈페이지〉한일관계〉정치·안보〉문서번호 5번

2. 「남북 사이의 화해와 불가침 및 교류·협력에 관한 합의서」

1992년 2월 19일 발효

남과 북은 분단된 조국의 평화적 통일을 염원하는 온 겨레의 뜻에 따라 7·4 남북 공동성명에서 천명된 조국통일 3대 원칙을 재확인하고, 정치 군사적 대결 상태를 해소하여 민족적 화해를 이룩하고, 무력에 의한 침략과 충돌을 막고 긴장 완화와 평화를 보장하며, 다각적인 교류·협력을 실현하여 민족 공동의 이익과 번영을 도모하며, 쌍방 사이의 관계가 나라와 나라 사이의 관계가 아닌 통일을 지향하는 과정에서 잠정적으로 형성되는 특수 관계라는 것을 인정하고, 평화 통일을 성취하기 위한 공동의 노력을 경주할 것을 다짐하면서, 다음과 같이 합의하였다.

제1장 남북 화해

제1조 남과 북은 서로 상대방의 체제를 인정하고 존중한다.

제2조 남과 북은 상대방의 내부 문제에 간섭하지 아니한다.

제3조 남과 북은 상대방에 대한 비방·중상을 하지 아니한다.

제4조 남과 북은 상대방을 파괴·전복하려는 일체 행위를 하지 아니한다.

제5조 남과 북은 현 정전 상태를 남북 사이의 공고한 평화 상태로 전환시키기 위하여 공동으로 노력하며 이러한 평화 상태가 이룩될 때까지 현 군사정전협정을 준수한다.

제6조 남과 북은 국제 무대에서 대결과 경쟁을 중지하고 서로 협력

하며 민족의 존엄과 이익을 위하여 공동으로 노력한다.

제7조 남과 북은 서로의 긴밀한 연락과 협의를 위하여 이 합의서 발효 후 3개월 안에 판문점에 남북연락사무소를 설치·운영한다.

제8조 남과 북은 이 합의서 발효 후 1개월 안에 본회담 테두리 안에서 남북정치분과위원회를 구성하여 남북 화해에 관한 합의의 이행과 준수를 위한 구체적 대책을 합의한다.

제2장 남북 불가침

제9조 남과 북은 상대방에 대하여 무력을 사용하지 않으며 상대방을 무력으로 침략하지 아니한다.

제10조 남과 북은 의견 대립과 분쟁 문제들을 대화와 협상을 통하여 평화적으로 해결한다.

제11조 남과 북의 불가침 경계선과 구역은 1953년 7월 27일자 군사정전에 관한 협정에 규정된 군사분계선과 지금까지 쌍방이 관할하여온 구역으로 한다.

제12조 남과 북은 불가침의 이행과 보장을 위하여 이 합의서 발효 후 3개월 안에 남북군사공동위원회를 구성·운영한다. 남북군사공동위원회에서는 대규모 부대 이동과 군사 연습의 통보 및 통제 문제, 비무장지대의 평화적 이용 문제, 군인사 교류 및 정보 교환 문제, 대량 살상 무기와 공격 능력의 제거를 비롯한 단계적 군축 실현 문제, 검증 문제 등 군사적 신뢰 조성과 군축을 실현하기 위한 문제를 협의·추진한다.

제13조 남과 북은 우발적인 무력 충돌과 그 확대를 방지하기 위하여 쌍방 군사당국자 사이에 직통전화를 설치·운영한다.

제14조 남과 북은 이 합의서 발효 후 1개월 안에 본회담 테두리 안에서 남북군사분과위원회를 구성하여 불가침에 관한 합의의 이행과 준수 및 군사적 대결 상태를 해소하기 위한 구체적 대책을 협의한다.

제3장 남북 교류·협력

제15조 남과 북은 민족 경제의 통일적이며 균형적인 발전과 민족 전체의 복리 향상을 도모하기 위하여 자원의 공동 개발, 민족 내부 교류로서의 물자 교류, 합작 투자 등 경제 교류와 협력을 실시한다.

제16조 남과 북은 과학·기술, 교육, 문학·예술, 보건, 체육, 환경과 신문, 라디오, 텔레비전 및 출판물을 비롯한 출판·보도 등 여러 분야에서 교류와 협력을 실시한다.

제17조 남과 북은 민족 구성원들의 자유로운 왕래와 접촉을 실현한다.

제18조 남과 북은 흩어진 가족·친척들의 자유로운 서신 거래와 왕래와 상봉 및 방문을 실시하고 자유의사에 의한 재결합을 실현하며, 기타 인도적으로 해결할 문제에 대한 대책을 강구한다.

제19조 남과 북은 끊어진 철도와 도로를 연결하고 해로, 항로를 개설한다.

제20조 남과 북은 우편과 전기통신 교류에 필요한 시설을 설치·연결하며, 우편·전기통신 교류의 비밀을 보장한다.

제21조 남과 북은 국제 무대에서 경제와 문화 등 여러 분야에서 서로 협력하며 대외에 공동으로 진출한다.

제22조 남과 북은 경제와 문화 등 각 분야의 교류와 협력을 실현하기 위한 합의의 이행을 위하여 이 합의서 발효 후 3개월 안에 남북

경제교류·협력공동위원회를 비롯한 부문별 공동위원회들을 구성·운영한다.

제23조 남과 북은 이 합의서 발효 후 1개월 안에 본회담 테두리 안에서 남북교류·협력분과위원회를 구성하여 남북 교류·협력에 관한 합의의 이행과 준수를 위한 구체적 대책을 협의한다.

제4장 수정 및 발효

제24조 이 합의서는 쌍방의 합의에 의하여 수정·보충할 수 있다.

제25조 이 합의서는 남과 북이 각기 발효에 필요한 절차를 거쳐 그 문본을 서로 교환한 날부터 효력을 발생한다.

1991년 12월 13일

남북 고위급 회담	북남 고위급 회담
남측 대표단 수석대표	북측 대표단 단장
대한민국	조선민주주의인민공화국
국무총리 정원식	정무원총리 연형묵

출처: 대한민국 외교부 홈페이지〉외교정책〉안보〉한반도 평화체제〉관련문서〉문서번호

36번

3. 「21세기 새로운 한일 파트너십 공동선언」

1. 김대중 대한민국 대통령 내외분은 일본국 국빈으로서 1998년 10월 7일부터 10일까지 일본을 공식 방문했다. 김대중 대통령은 체재 중 오부치 게이조 일본국 내각총리대신과 회담을 가졌다. 양국 정상은 과거의 양국 관계를 돌이켜 보고, 현재의 우호협력 관계를 재확인하는 동시에 미래의 바람직한 양국 관계에 관하여 의견을 교환했다. 이 회담의 결과, 양국 정상은 1965년 국교 정상화 이래 구축되어온 양국 간의 긴밀한 우호협력 관계를 보다 높은 차원으로 발전시켜 21세기의 새로운 한일 파트너십을 구축한다는 공통의 결의를 선언했다.

2. 양국 정상은 한일 양국이 21세기의 확고한 선린 우호협력 관계를 구축해나가기 위해서는 양국이 과거를 직시하고 상호 이해와 신뢰에 기초한 관계를 발전시켜나가는 것이 중요하다는 데 의견 일치를 보았다. 오부치 총리대신은 금세기의 한일 양국 관계를 돌이켜 보고 일본이 과거 한때 식민지 지배로 인하여 한국 국민에게 다대한 손해와 고통을 안겨주었다는 역사적 사실을 겸허히 받아들이면서 이에 대하여 통절한 반성과 마음으로부터의 사죄를 했다. 김대중 대통령은 이러한 오부치 총리대신의 역사 인식 표명을 진지하게 받아들이고 이를 평가하는 동시에 양국이 과거의 불행한 역사를 극복하고 화해와 선린 우호협력에 입각한 미래 지향적인 관계를 발전시키기 위해 서로 노력하는 것이 시대적 요청이라는 뜻을 표명했다. 또한 양국 정상은 양국 국민, 특히 젊은 세대가 역사에 대한 인식을 심화시키는 것이 중요하다는 점에 대하여 견해를 함께하고 이

를 위해 많은 관심과 노력을 기울일 필요가 있다는 점을 강조했다.

3. 양국 정상은 과거 오랜 역사를 통하여 교류와 협력을 유지해온 한일 양국이 1965년 국교 정상화 이래 각 분야에서 긴밀한 우호협력 관계를 발전시켜왔으며 이러한 협력 관계가 서로의 발전에 기여하였다는 데 인식을 같이했다. 오부치 총리대신은 한국이 국민들의 꾸준한 노력에 의하여 비약적인 발전과 민주화를 달성하고 번영되고 성숙한 민주주의 국가로 성장한 데 대하여 경의를 표했다. 김대중 대통령은 전후 일본이 평화헌법하에서 전수방위 및 비핵 3원칙을 비롯한 안전보장 정책과 세계 경제 및 개발도상국에 대한 경제 지원 등을 통하여 국제 사회의 평화와 번영을 위해 수행해온 역할을 높이 평가했다. 양국 정상은 한일 양국이 자유민주주의, 시장경제라는 보편적 이념에 입각한 협력 관계를 양국 국민 간의 광범위한 교류와 상호 이해에 기초하여 앞으로 더욱 발전시켜나간다는 결의를 표명했다.

4. 양국 정상은 양국 간의 관계를 정치·안전보장·경제 및 인적·문화 교류 등 폭넓은 분야에서 균형되고 보다 높은 차원의 협력 관계로 발전시켜나갈 필요가 있다는 데 의견을 같이했다. 또한 양국 정상은 양국의 파트너십을 단순히 양자 차원에 그치지 않고 아시아·태평양 지역, 나아가 국제 사회 전체의 평화와 번영을 위해, 또한 개인의 인권이 존중되는 풍요한 생활과 살기 좋은 지구 환경을 지향하는 다양한 노력을 통해 진전시켜나가는 것이 매우 중요하다는 데 의견 일치를 보았다. 이를 위해 양국 정상은 20세기의 한일 관계를 마무리하고 진정한 상호 이해와 협력에 입각한 21세기의 새로운

한일 파트너십을 공통의 목표로서 구축하고 발전시켜나가는 데 있어서 다음과 같이 의견의 일치를 보았으며 이러한 파트너십을 구체적으로 실천해나가기 위해 이 공동선언에 부속된 행동 계획을 작성했다. 양국 정상은 양국 정부가 앞으로 양국의 외무장관을 책임자로 하여 정기적으로 이 한일 파트너십에 기초한 협력의 진척 상황을 확인하고 필요에 따라 이를 더욱 강화해나가기로 했다.

5. 양국 정상은 현재의 한일 관계를 보다 높은 차원으로 발전시켜나가기 위해 양국 간의 협의와 대화를 더욱 촉진시켜나간다는 데 의견의 일치를 보았다. 양국 정상은 이러한 관점에서 정상 간의 지금까지의 긴밀한 상호 방문·협의를 유지·강화하고 정례화해나가기로 하는 동시에 외무장관을 비롯한 각 분야의 각료급 협의를 더욱 강화해나가기로 했다. 또한 양국 정상은 양국 간 각료 간담회를 가능한 한 조기에 개최하여 정책 실시의 책임을 갖는 관계 각료들의 자유로운 의견 교환의 장을 설치하기로 하였다. 아울러 양국 정상은 지금까지의 한일 양국 국회의원 간 교류의 실적을 평가하고, 한일, 일한 의원연맹의 향후 활동 확충 방침을 환영하는 동시에 21세기를 담당할 차세대의 소장 의원 간의 교류를 장려해나가기로 했다.

6. 양국 정상은 냉전 후의 세계에 있어서 보다 평화롭고 안전한 국제 사회의 질서를 구축하기 위한 국제적 노력에 대하여 한일 양국이 서로 협력하면서 적극적으로 참가해나가는 것이 중요하다는 데 의견의 일치를 보았다. 양국 정상은 21세기의 도전과 과제에 보다 효과적으로 대처해나가기 위해서는 국제연합의 역할이 강화되어야 하며, 이는 안전보장이사회의 기능 강화, 국제연합 사무국 조직

의 효율화, 안정적인 재정 기반의 확보, 국제연합 평화 유지 활동의 강화, 개발도상국의 경제사회 개발에 대한 협력 등을 통해 이룩할 수 있다는 데 대해 의견이 일치했다. 이러한 점을 염두에 두고 김대중 대통령은 국제연합을 비롯한 국제 사회에 대한 일본의 기여와 역할을 평가하고 금후 일본의 그와 같은 기여와 역할이 증대되는 데 대한 기대를 표명했다. 또한 양국 정상은 군축 및 비확산의 중요성, 특히 어떠한 종류의 대량 파괴 무기일지라도 그 확산이 국제 사회의 평화와 안전에 대한 위협이 된다는 것을 강조하는 동시에 이러한 분야에서의 양국 간 협력을 더욱 강화하기로 했다. 양국 정상은 양국 간의 안보정책협의회 및 각급 차원의 방위 교류를 환영하고 이를 더욱 강화해나가기로 했다. 아울러 양국 정상은 양국이 각각 미국과의 안전보장 체제를 견지하는 동시에 아시아·태평양 지역의 평화와 안정을 위한 다자간 대화 노력을 더욱 강화해나가는 것이 중요하다는 데 의견의 일치를 보았다.

7. 양국 정상은 한반도의 평화와 안정을 위해서는 북한이 개혁과 개방을 지향하는 동시에 대화를 통한 보다 건설적인 자세를 취하는 것이 매우 중요하다는 인식을 공유했다. 오부치 총리대신은 확고한 안보 체제를 유지하면서 화해와 협력을 적극적으로 추진한다는 김대중 대통령의 대북한 정책에 대한 지지를 표명했다. 이와 관련하여 양국 정상은 1992년 2월 발효된 「남북 사이의 화해와 불가침 및 교류·협력에 관한 합의서」의 이행과 4자회담의 순조로운 진전이 바람직하다는 데 의견을 같이했다. 또한 양국 정상은 1994년 10월 미국과 북한 간에 서명된 「제네바합의」 및 한반도에너지개발기구(KEDO)를 북한의 핵 계획 추진을 저지하기 위한 가장 현실적이고

효과적인 메커니즘으로서 유지해가는 것이 중요하다는 것을 확인했다. 이와 관련하여 양국 정상은 북한의 미사일 발사에 대하여, 국제연합 안전보장이사회 의장이 안보리를 대표하여 표명한 우려 및 유감의 뜻을 공유하는 동시에 북한의 미사일 개발이 중지되지 않는다면 한국, 일본 및 동북아시아 지역 전체의 평화와 안전에 악영향을 미친다는 데 의견을 같이했다. 양국 정상은 양국이 북한에 관한 정책을 추진함에 있어서 상호 긴밀히 연대해나가는 것이 중요함을 재확인하고, 각급 차원에서의 정책 협의를 강화하는 데 의견을 같이했다.

8. 양국 정상은 자유롭고 개방된 국제 경제 체제를 유지·발전시키고, 또한 구조적 문제에 직면한 아시아 경제의 회복을 실현해나감에 있어서 한일 양국이 각각 안고 있는 경제적 과제를 극복하면서 경제 분야의 균형된 상호 협력 관계를 보다 강화해나가는 것이 중요하다는 데 합의했다. 이를 위해 양국 정상은 양자 간의 경제 정책 협의를 더욱 강화하는 동시에, WTO·OECD·APEC 등 다자 무대에서의 양국 간 정책 협조를 더욱 촉진해나간다는 데 의견을 같이했다. 김대중 대통령은 금융·투자·기술이전 등 여러 분야에 걸친 지금까지의 일본의 대한국 경제 지원을 평가하는 동시에, 한국이 안고 있는 경제적 문제의 해결을 위한 노력을 설명했다. 오부치 총리대신은 일본의 경제 회복을 위한 각종 시책 및 아시아의 경제난 극복을 위해 일본이 시행하고 있는 경제적 지원에 관해 설명하는 한편, 한국의 경제난 극복을 위한 노력을 계속 지지한다는 의향을 표명했다. 양국 정상은 재정 투융자를 적절히 활용한 일본 수출입은행의 대한국 융자에 관하여 기본적인 합의가 이루어진 것을 환영

했다. 양국 정상은 양국 간의 커다란 현안이었던 한일 어업협정 교섭이 기본 합의에 도달한 것을 마음으로부터 환영하는 동시에, 국제연합 해양법 협약을 기초로 한 새로운 어업 질서하에 어업 분야에 있어서의 양국 관계의 원활한 진전에 대한 기대를 표명했다. 또한 양국 정상은 이번에 새로운 한일 이중과세방지협약이 서명되는 것을 환영했다. 아울러 양국 정상은 무역·투자·산업기술·과학기술·정보통신 및 노·사·정 교류 등 각 분야에서의 협력·교류를 더욱 발전시켜나간다는 데 의견의 일치를 보았으며, 한일 사회보상협정을 염두에 두고, 장래 적절한 시기에 서로의 사회보장 제도에 대한 정보·의견 교환을 실시하기로 했다.

9. 양국 정상은 국제 사회의 안전과 복지에 대한 새로운 위협이 되고 있는 국경을 초월한 각종 범세계적 문제의 해결을 위해 양국 정부가 긴밀히 협력해나간다는 데 의견의 일치를 보았다. 양국 정상은 지구 환경 문제 특히 온실가스 배출 제한, 산성비 대책을 비롯한 제반 문제에 대한 대응에 있어서의 협력을 강화하기 위해 한일 환경 정책 대화를 추진하기로 했다. 또한 개발도상국에 대한 지원을 강화하기 위해 원조 분야에서의 양국 간 협조를 더욱 발전시켜나간다는 데 의견의 일치를 보았다. 아울러 양국 정상은 한일 범죄인인도조약 체결을 위한 협의를 시작하는 동시에 마약각성제 대책을 비롯한 국제 조직범죄 대책 분야에서의 협력을 더욱 강화한다는 데 의견의 일치를 보았다.

10. 양국 정상은 이상 각 분야의 양국 간 협력을 효과적으로 추진해나가는 기초는 정부 간 교류뿐만 아니라 양국 국민 간의 깊은 상호

이해와 다양한 교류에 있다는 인식하에 양국 간의 문화·인적 교류를 확충해나간다는 데 의견의 일치를 보았다. 양국 정상은 2002년 월드컵의 성공을 위한 양국 국민의 협력을 지원하고, 2002년 월드컵 개최를 계기로 문화 및 스포츠 교류를 더욱 활발히 추진해나가기로 했다. 양국 정상은 연구원·교사·언론인·시민단체 등 다양한 계층의 국민 및 지역 간 교류의 진전을 촉진하기로 했다. 양국 정상은 이러한 교류·상호 이해 촉진의 토대를 조성하는 조치로서 이전부터 추진해온 사증 제도의 간소화를 계속 추진하기로 했다.

또한 양국 정상은 한일 간의 교류 확대와 상호 이해 증진에 이바지하기 위해 중·고생 교류 사업의 신설을 비롯하여 정부 간의 유학생 및 청소년 교류 사업의 내실화를 기하는 동시에 양국의 청소년을 대상으로 한 취업관광사증 제도를 1999년 4월부터 도입하기로 합의했다. 또한 양국 정상은 재일한국인이 한일 양국 국민의 상호 교류·상호 이해를 위한 가교로서의 역할을 담당할 수 있다는 인식에 입각하여 그 지위의 향상을 위해 양국 간 협의를 계속해나간다는 데 의견의 일치를 보았다. 양국 정상은 한·일 포럼 및 역사 공동연구의 촉진에 관한 한·일 공동위원회 등 관계자에 의한 한일 간 지적 교류의 의의를 높이 평가하는 동시에 이러한 노력을 계속 지지해나간다는 데 의견의 일치를 보았다.

김대중 대통령은 한국 내에서 일본 문화를 개방해나가겠다는 방침을 전달했으며, 오부치 총리대신은 이러한 방침이 한일 양국의 진정한 상호 이해에 기여할 것으로 환영했다.

11. 김대중 대통령과 오부치 총리대신은 21세기의 새로운 한일 파트너십이 양국 국민의 폭넓은 참여와 부단한 노력에 의하여 더욱

높은 차원으로 발전될 수 있다는 공통의 신념을 표명하는 동시에 양국 국민에 대하여 이 공동선언의 정신을 함께 하고, 새로운 한일 파트너십의 구축·발전을 위한 공동의 작업에 동참해줄 것을 호소했다.

대한민국 대통령   일본국 내각총리대신
김대중   오부치 게이조

1998년 10월 8일
도쿄

출처: 대한민국 정책 브리핑〉뉴스〉정책뉴스〉국정신문〉1998년 10월 12일

4. 「6·15 남북 공동선언」

조국의 평화적 통일을 염원하는 온 겨레의 숭고한 뜻에 따라 대한민국 김대중 대통령과 조선민주주의인민공화국 김정일 국방위원장은 2000년 6월 13일부터 6월 15일까지 평양에서 역사적인 상봉을 하였으며 정상회담을 가졌다.

남북 정상들은 분단 역사상 처음으로 열린 이번 상봉과 회담이 서로 이해를 증진시키고 남북 관계를 발전시키며 평화 통일을 실현하는 데 중대한 의의를 가진다고 평가하고 다음과 같이 선언한다.

1. 남과 북은 나라의 통일 문제를 그 주인인 우리 민족끼리 서로 힘을 합쳐 자주적으로 해결해나가기로 하였다.

2. 남과 북은 나라의 통일을 위한 남측의 연합제 안과 북측의 낮은 단계의 연방제 안이 서로 공통성이 있다고 인정하고 앞으로 이 방향에서 통일을 지향시켜나가기로 하였다.

3. 남과 북은 올해 8·15에 즈음하여 흩어진 가족, 친척 방문단을 교환하며 비전향 장기수 문제를 해결하는 등 인도적 문제를 조속히 풀어나가기로 하였다.

4. 남과 북은 경제 협력을 통하여 민족 경제를 균형적으로 발전시키고 사회, 문화, 체육, 보건, 환경 등 제반 분야의 협력과 교류를 활성화하여 서로의 신뢰를 다져나가기로 하였다.

5. 남과 북은 이상과 같은 합의 사항을 조속히 실천에 옮기기 위하여 빠른 시일 안에 당국 사이의 대화를 개최하기로 하였다.

김대중 대통령은 김정일 국방위원장이 서울을 방문하도록 정중히 초청하였으며 김정일 국방위원장은 앞으로 적절한 시기에 서울을 방문하기로 하였다.

2000년 6월 15일

대한민국	조선민주주의인민공화국
대통령	국방위원장
김대중	김정일

출처: 대한민국 외교부 홈페이지〉외교정책〉안보〉한반도 평화체제〉관련문서〉문서번호 26번

5. 「조선민주주의인민공화국과 미합중국 사이의 공동 콤뮤니케」

조선민주주의인민공화국 국방위원회 김정일 위원장의 특사인 국방위원회 제1부위원장 조명록 차수가 2000년 10월 9일부터 12일까지 미합중국을 방문하였다.

방문 기간 국방위원회 김정일 위원장께서 보내시는 친서와 조미 관계에 대한 그이의 의사를 조명록 특사가 미합중국 빌 클린턴 대통령에게 직접 전달하였다. 조명록 특사와 일행은 매들린 올브라이트 국무장관과 윌리엄 코헨 국방장관을 비롯한 미행정부의 고위 관리들을 만나 공동의 관심사로 되는 문제들에 대하여 폭넓은 의견 교환을 진행하였다. 쌍방은 조선민주주의인민공화국과 미합중국 사이의 관계를 전면적으로 개선시킬 수 있는 새로운 기회들이 조성된 데 대하여 심도 있게 검토하였다. 회담들은 진지하고 건설적이며 실무적인 분위기속에서 진행되었으며 이 과정을 통하여 서로의 관심사들에 대하여 더잘 이해할 수 있게 되었다.

조선민주주의인민공화국과 미합중국은 역사적인 북남 최고위급 상봉에 의하여 조선반도의 환경이 변화되었다는 것을 인정하면서 아시아 태평양 지역의 평화와 안정을 강화하는 데 이롭게 두 나라 사이의 쌍무 관계를 근본적으로 개선하는 조치들을 취하기로 결정하였다. 이와 관련하여 쌍방은 조선반도에서 긴장 상태를 완화하고 1953년의 정전협정을 공고한 평화 보장 체계로 바꾸어 한국전쟁을 공식 종식시키는 데서 4자회담 등 여러 가지 방도들이 있다는 데 대하여 견해를 같이하였다.

조선민주주의인민공화국 측과 미합중국 측은 관계를 개선하는 것이 국가들 사이의 관계에서 자연스러운 목표로 되며 관계 개선이 21세기에 두 나라 인민들에게 다 같이 이익으로 되는 동시에 한반도와 아시아 태평양 지역의 평화와 안전도 보장하게 될 것이라고 인정하면서 쌍무 관계에서 새로운 방약을 취할 용의가 있다고 선언하였다. 첫 중대 조치로서 쌍방은 그 어느 정부도 타방에 대하여 적대적 의사를 가지지 않을 것이라고 선언하고 앞으로 과거의 적대감에서 벗어난 새로운 관계를 수립하기 위하여 모든 노력을 나할 것이라는 공약을 확언하였다.

쌍방은 1993년 6월 11일부 조미 공동성명에 지적되고 1994년 10월 21일부 기본 합의문에서 재확인된 원칙들에 기초하여 불신을 해소하고 호상 신뢰를 이룩하며 주의 관심사들을 건설적으로 다루어나갈 수 있는 분위기를 유지하기 위하여 노력하기로 합의하였다.

이와 관련하여 쌍방은 두 나라 사이의 관계가 자주권에 대한 호상 존중과 내정 불간섭의 원칙에 기초하여야 한다는 것을 재확인하면서 쌍무적 및 다무적 공간을 통한 외교적 접촉을 정상적으로 유지하는 것이 유익하다는 데 대하여 유의하였다.

쌍방은 호혜적인 경제 협조와 교류를 발전시키기 위하여 협력하기로 합의하였다. 쌍방은 두 나라 인민들에게 유익하고 동북아시아 전반에서의 경제적 협조를 확대하는 데 유리한 환경을 마련하는 데 기여하게 될 무역 및 상업 가능성들을 담보하기 위하여 가까운 시일 안에 경제무역 전문가들의 호상 방문을 실현하는 문제를 토의하였다.

쌍방은 미사일 문제의 해결이 조미 관계에 근본적인 개선과 아시아 태평양 지역에서의 평화와 안정에 중요한 기여를 할 것이라는데 대하여 견해를 같이하였다. 조선민주주의인민공화국 측은 새로운 관계 구축을 위한 또 하나의 노력으로 미사일 문제와 관련한 회담이 계속되는 동안에는 모든 장거리 미사일을 발사하지 않을 것이라는 데 대하여 미국 측에 통보하였다.

조선민주주의인민공화국과 미합중국은 기본 합의문에 따르는 자기들의 의무를 완전히 이행하기 위한 공약과 노력을 배가할 것을 확약하면서 이렇게 하는 것이 조선반도의 비핵 평화와 안전을 이룩하는데 중요하다는 것을 굳게 확언하였다. 이를 위하여 쌍방은 기본 합의문에 따르는 의무 이행을 보다 명백히 할 데 대하여 견해를 같이하였다. 이와 관련하여 쌍방은 금창리 지하시설에 대한 접근이 미국의 우려를 해소하는 데 유익하였다는 데 대하여 유의하였다.

쌍방은 최근년간 공동의 관심사로 되는 인도주의 분야에서 협조 사업이 시작되었다는 데 대하여 유의하였다. 조선민주주의인민공화국 측은 미합중국이 식량 및 의약품 지원 분야에서 조선민주주의인민공화국에 인도주의적 수요를 충족시키는 데 의의 있는 기여를 한 데 대하여 사의를 표하였다. 미합중국 측은 조선민주주의인민공화국이 조선 전쟁 시기 실종된 미군 병사들의 유골을 발굴하는 데 협조하여준 데 대하여 사의를 표하였으며 쌍방은 실종자들의 행처를 가능한 최대로 조사 확인하는 사업을 신속히 전진시키기 위하여 노력하기로 합의하였다. 쌍방은 이상의 문제들과 기타 인도주의 문제들을 토의하기 위한 접촉을 계속하기로 합의하였다.

쌍방은 2000년 10월 6일 공동성명에 지적된 바와 같이 테러를 반대하는 국제적 노력을 지지 고무하기로 합의하였다.

조명록 특사는 역사적인 북남 최고위급 상봉 결과를 비롯하여 최근 몇 개월 사이의 북남 대화 상황에 대하여 미국 측에 통보하였다. 미합중국 측은 현행 북남 대화의 계속적인 전진과 성과 그리고 안보 대화의 강화를 포함한 북남 사이의 화해와 협조를 강화하기 위한 발기들의 실현을 위하여 모든 적절한 방법으로 협조할 자기의 확고한 공약을 표명하였다.

조명록 특사는 클린턴 대통령과 미국 인민이 방문 기간 따뜻한 환대를 베풀어준 데 대하여 사의를 표하였다.

조선민주주의인민공화국 국방위원회 김정일 위원장께 빌 클린턴 대통령의 의사를 직접 전달하며 미합중국 대통령의 방문을 준비하기 위하여 매들린 올브라이트 국무장관이 가까운 시일에 조선민주주의인민공화국을 방문하기로 합의하였다.

2000년 10월 12일
워싱턴

출처: 대한민국 외교부 홈페이지〉외교정책〉북한 핵 문제〉주요문서〉문서번호 1번

6. 「조일 평양선언」

조선민주주의인민공화국 김정일 국방위원장과 일본국 고이즈미 준이치로 총리대신은 2002년 9월 17일 평양에서 상봉하고 회담을 진행했다.

두 수뇌들은 조일 사이의 불미스러운 과거를 청산하고 현안 사항을 해결하며 결실 있는 정치, 경제, 문화적 관계를 수립하는 것이 쌍방의 기본 이익에 부합되며 지역의 평화와 안정에 크게 기여한다는 인식을 확인하였다.

1. 쌍방은 이 선언에서 제시된 정신과 기본 원칙에 따라 국교 정상화를 빠른 시일 안에 실현시키기 위하여 모든 노력을 기울이기로 하였으며 이를 위하여 2002년 10월 중에 조일 국교 정상화 회담을 재개하기로 하였다.
쌍방은 호상 신뢰 관계에 기초하여 국교 정상화를 실현하는 과정에도 조일 사이에 존재하는 제반 문제들에 성의 있게 임하려는 강한 결의를 표명하였다.

2. 일본 측은 과거 식민지 지배로 인하여 조선 인민에게 다대한 손해와 고통을 준 역사적 사실을 겸허하게 받아들이며 통절한 반성과 마음속으로부터의 사죄의 뜻을 표명하였다.
쌍방은 일본 측이 조선민주주의인민공화국 측에 대하여 국교 정상화 후 쌍방이 적절하다고 간주하는 기간에 걸쳐 무상 자금 협력, 저이자 장기 차관 제공 및 국제기구를 통한 인도주의적 지원 등의 경제 협력을 실시하며 또한 민간 경제 활동을 지원하는 견지에서 일본 국제협력은행 등에 의한 융자, 신용대부 등이 실시되는 것이 이 선언의 정신에 부합된다는 기본 인식 밑에 국교 정상화 회담에서 경제 협력의 구체적인 규모와 내용을 성실히 협의하기로 하였다.

쌍방은 국교 정상화를 실현하는 데 있어 1945년 8월 15일 이전에 발생한 이유에 기초한 두 나라 및 두 나라 인민의 모든 재산 및 청구권을 호상 포기하는 기본 원칙에 따라 국교 정상화 회담에서 이에 대하여 구체적으로 협의하기로 하였다.

쌍방은 재일조선인들의 지위 문제와 문화재 문제에 대하여 국교 정상화 회담에서 성실히 협의하기로 하였다.

3. 쌍방은 국제법을 준수하며 서로의 안전을 위협하는 행동을 하지 않겠다는 것을 확인하였다. 또한 일본 국민의 생명 및 안전과 관련된 현안 문제에 대하여 조선민주주의인민공화국 측은 조일 두 나라의 비정상적 관계 속에서 발생한 이러한 유감스러운 문제가 앞으로 다시 발생하지 않도록 적절한 조치를 취할 것을 확인하였다.

4. 쌍방은 동북아시아 지역의 평화와 안정을 유지강화하기 위하여 호상 협력해나갈 것을 확인하였다.

쌍방은 이 지역의 유관국들 사이에 호상 신뢰에 기초하는 협력 관계 구축의 중요성을 확인하며 이 지역의 유관국들 사이의 관계가 정상화되는 데 따라 지역의 신뢰 조성을 도모하기 위한 틀거리를 정비해나가는 것이 중요하다는 데 대하여 인식을 같이하였다.

쌍방은 조선반도 핵 문제의 포괄적인 해결을 위하여 해당한 모든 국제적 합의들을 준수할 것을 확인하였다. 또한 쌍방은 핵 및 미사일 문제를 포함한 안전보장상의 제반 문제와 관련하여 유관국들 사이의 대화를 촉진하여 문제 해결을 도모해야 할 필요성을 확인하였다.
조선민주주의인민공화국 측은 이 선언의 정신에 따라 미사일 발사의 보류를 2003년 이후 더 연장할 의향을 표명하였다.
쌍방은 안전보장과 관련한 문제에 대하여 협의해나가기로 하였다.

2002년 9월 17일
평양

조선민주주의인민공화국   일본국
국방위원회 위원장   총리대신
김정일   고이즈미 준이치로

출처: 대한민국 외교부 홈페이지〉외교정책〉북한 핵 문제〉주요문서〉문서번호 4번

7. 「제4차 6자회담 공동성명」

제4차 6자회담이 베이징에서 중화인민공화국, 조선민주주의인민공화국, 일본, 대한민국, 러시아연방, 미합중국이 참석한 가운데 2005년 7월 26일부터 8월 7일까지 그리고 9월 13일부터 19일까지 개최되었다. 우다웨이 중화인민공화국 외교부 부부장, 김계관 조선민주주의인민공화국 외무성 부상, 사사에 겐이치로 일본 외무성 아시아대양주 국장, 송민순 대한민국 외교통상부 차관보, 알렉세예프 러시아 외부부 차관, 그리고 크리스토퍼 힐 미합중국 국무부 동아태 차관보가 각 대표단의 수석대표로 동 회담에 참석하였다.
우다웨이 부부장은 동 회담의 의장을 맡았다.

한반도와 동북아시아 전반의 평화와 안정이라는 대의를 위해, 6자는 상호 존중과 평등의 정신하에, 지난 3회에 걸친 회담에서 이루어진 공동의 이해를 기반으로, 한반도의 비핵화에 대해 진지하면서도 실질적인 회담을 가졌으며, 이러한 맥락에서 다음과 같이 합의하였다.

1. 6자는 6자회담의 목표가 한반도의 검증 가능한 비핵화를 평화적인 방법으로 달성하는 것임을 만장일치로 재확인하였다.
조선민주주의인민공화국은 모든 핵무기와 현존하는 핵 계획을 포기할 것과, 조속한 시일 내에 핵확산금지조약(NPT)과 국제원자력기구(IAEA)의 안전 조치에 복귀할 것을 공약하였다.
미합중국은 한반도에 핵무기를 갖고 있지 않으며, 핵무기 또는 재래식 무기로 조선민주주의인민공화국을 공격 또는 침공할 의사가 없다는 것을 확인하였다.

대한민국은 자국 영토 내에 핵무기가 존재하지 않는다는 것을 확인하면서, 1992년도 「한반도의 비핵화에 관한 남북 공동선언」에 따라, 핵무기를 접수 또는 배비하지 않겠다는 공약을 재확인하였다.

1992년도 「한반도의 비핵화에 관한 남북 공동선언」은 준수, 이행되어야 한다.

조선민주주의인민공화국은 핵에너지의 평화적 이용에 관한 권리를 가지고 있다고 밝혔다. 여타 당사국들은 이에 대한 존중을 표명하였고, 적절한 시기에 조선민주주의인민공화국에 대한 경수로 제공 문제에 대해 논의하는 데 동의하였다.

2. 6자는 상호 관계에 있어 국제연합 헌장의 목적과 원칙 및 국제관계에서 인정된 규범을 준수할 것을 약속하였다.

조선민주주의인민공화국과 미합중국은 상호 주권을 존중하고, 평화적으로 공존하며, 각자의 정책에 따라 관계 정상화를 위한 조치를 취할 것을 약속하였다.

조선민주주의인민공화국과 일본은 평양선언에 따라, 불행했던 과거와 현안 사항의 해결을 기초로 하여 관계 정상화를 위한 조치를 취할 것을 약속하였다.

3. 6자는 에너지, 교역 및 투자 분야에서의 경제 협력을 양자 및 다자적으로 증진시킬 것을 약속하였다.

중화인민공화국, 일본, 대한민국, 러시아연방 및 미합중국은 조선민주주의인민공화국에 대해 에너지 지원을 제공할 용의를 표명하였다.

대한민국은 조선민주주의인민공화국에 대한 200만 킬로와트의 전력 공급에 관한 2005.7.12자 제안을 재확인하였다.

4. 6자는 동북아시아의 항구적인 평화와 안정을 위해 공동 노력할 것을 공약하였다.
직접 관련 당사국들은 적절한 별도 포럼에서 한반도의 항구적 평화 체제에 관한 협상을 가질 것이다.
6자는 동북아시아에서의 안보 협력 증진을 위한 방안과 수단을 모색하기로 합의하였다.

5. 6자는 '공약 대 공약', '행동 대 행동' 원칙에 입각하여 단계적 방식으로 상기 합의의 이행을 위해 상호 조율된 조치를 취할 것을 합의하였다.

6. 6자는 제5차 6자회담을 11월 초 베이징에서 협의를 통해 결정되는 일자에 개최하기로 합의하였다.

2005년 9월 19일
베이징

출처: 대한민국 외교부 홈페이지〉외교정책〉북한 핵 문제〉주요문서〉문서번호 7번

8. 「한반도의 평화와 번영, 통일을 위한 판문점 선언」

대한민국 문재인 대통령과 조선민주주의인민공화국 김정은 국무위원장은 평화와 번영, 통일을 염원하는 온 겨레의 한결같은 지향을 담아 한반도에서 역사적인 전환이 일어나고 있는 뜻깊은 시기에 2018년 4월 27일 판문점 평화의 집에서 남북 정상회담을 진행하였다.

양 정상은 한반도에 더 이상 전쟁은 없을 것이며 새로운 평화의 시대가 열리었음을 8000만 우리 겨레와 전 세계에 엄숙히 천명하였다.

양 정상은 냉전의 산물인 오랜 분단과 대결을 하루 빨리 종식시키고 민족적 화해와 평화 번영의 새로운 시대를 과감하게 열어나가며 남북 관계를 보다 적극적으로 개선하고 발전시켜나가야 한다는 확고한 의지를 담아 역사의 땅 판문점에서 다음과 같이 선언하였다.

1. 남과 북은 남북 관계의 전면적이며 획기적인 개선과 발전을 이룩함으로써 끊어진 민족의 혈맥을 잇고 공동 번영과 자주 통일의 미래를 앞당겨나갈 것이다. 남북 관계를 개선하고 발전시키는 것은 온 겨레의 한결같은 소망이며 더 이상 미룰 수 없는 시대의 절박한 요구이다.

① 남과 북은 우리 민족의 운명은 우리 스스로 결정한다는 민족자주의 원칙을 확인하였으며 이미 채택된 남북 선언들과 모든 합의들을 철저히 이행함으로써 관계 개선과 발전의 전환적 국면을 열어나가기로 하였다.

② 남과 북은 고위급 회담을 비롯한 각 분야의 대화와 협상을 빠른 시일 안에 개최하여 정상회담에서 합의된 문제들을 실천하기 위한

적극적인 대책을 세워나가기로 하였다.

③ 남과 북은 당국 간 협의를 긴밀히 하고 민간 교류와 협력을 원만히 보장하기 위하여 쌍방 당국자가 상주하는 남북공동연락사무소를 개성 지역에 설치하기로 하였다.

④ 남과 북은 민족적 화해와 단합의 분위기를 고조시켜나가기 위하여 각계각층의 다방면적인 협력과 교류 왕래와 접촉을 활성화하기로 하였다. 안으로는 6·15를 비롯하여 남과 북에 다 같이 의의가 있는 날들을 계기로 당국과 국회, 정당, 지방자치단체, 민간단체 등 각계각층이 참가하는 민족 공동 행사를 적극 추진하여 화해와 협력의 분위기를 고조시키며, 밖으로는 2018년 아시아경기대회를 비롯한 국제 경기들에 공동으로 진출하여 민족의 슬기와 재능, 단합된 모습을 전 세계에 과시하기로 하였다.

⑤ 남과 북은 민족 분단으로 발생된 인도적 문제를 시급히 해결하기 위하여 노력하며, 남북 적십자회담을 개최하여 이산가족·친척 상봉을 비롯한 제반 문제들을 협의 해결해나가기로 하였다. 당면하여 오는 8·15를 계기로 이산가족·친척 상봉을 진행하기로 하였다.

⑥ 남과 북은 민족 경제의 균형적 발전과 공동 번영을 이룩하기 위하여 10·4 선언에서 합의된 사업들을 적극 추진해나가며 1차적으로 동해선 및 경의선 철도와 도로들을 연결하고 현대화하여 활용하기 위한 실천적 대책들을 취해나가기로 하였다.

2. 남과 북은 한반도에서 첨예한 군사적 긴장 상태를 완화하고 전쟁 위험을 실질적으로 해소하기 위하여 공동으로 노력해나갈 것이다. 한반도의 군사적 긴장 상태를 완화하고 전쟁 위험을 해소하는 것은 민족의 운명과 관련되는 매우 중대한 문제이며 우리 겨레의

평화롭고 안정된 삶을 보장하기 위한 관건적인 문제이다.

① 남과 북은 지상과 해상, 공중을 비롯한 모든 공간에서 군사적 긴장과 충돌의 근원이 되는 상대방에 대한 일체의 적대 행위를 전면 중지하기로 하였다. 당면하여 5월 1일부터 군사분계선 일대에서 확성기 방송과 전단 살포를 비롯한 모든 적대 행위들을 중지하고 그 수단을 철폐하며 앞으로 비무장지대를 실질적인 평화지대로 만들어나가기로 하였다.

② 남과 북은 서해 북방한계선 일대를 평화수역으로 만들어 우발적인 군사적 충돌을 방지하고 안전한 어로 활동을 보장하기 위한 실제적인 대책을 세워나가기로 하였다.

③ 남과 북은 상호 협력과 교류, 왕래와 접촉이 활성화되는 데 따른 여러 가지 군사적 보장 대책을 취하기로 하였다. 남과 북은 쌍방 사이에 제기되는 군사적 문제를 지체 없이 협의 해결하기 위하여 국방부장관회담을 비롯한 군사당국자회담을 자주 개최하며 5월 중에 먼저 장성급 군사회담을 열기로 하였다.

3. 남과 북은 한반도의 항구적이며 공고한 평화 체제 구축을 위하여 적극 협력해나갈 것이다. 한반도에서 비정상적인 현재의 정전 상태를 종식시키고 확고한 평화 체제를 수립하는 것은 더 이상 미룰 수 없는 역사적 과제이다.

① 남과 북은 그 어떤 형태의 무력도 서로 사용하지 않을 데 대한 불가침 합의를 재확인하고 엄격히 준수해나가기로 하였다.

② 남과 북은 군사적 긴장이 해소되고 서로의 군사적 신뢰가 실질적

으로 구축되는 데 따라 단계적으로 군축을 실현해나가기로 하였다.

③ 남과 북은 정전협정 체결 65년이 되는 올해에 종전을 선언하고 정전협정을 평화협정으로 전환하며 항구적이고 공고한 평화 체제 구축을 위한 남북미 3자 또는 남북미중 4자회담 개최를 적극 추진해나가기로 하였다.

④ 남과 북은 완전한 비핵화를 통해 핵 없는 한반도를 실현한다는 공동의 목표를 확인하였다. 남과 북은 북측이 취하고 있는 주동적인 조치들이 한반도 비핵화를 위해 대단히 의의 있고 중대한 조치라는 데 인식을 같이하고 앞으로 각기 자기의 책임과 역할을 다하기로 하였다. 남과 북은 한반도 비핵화를 위한 국제 사회의 지지와 협력을 위해 적극 노력하기로 하였다.

양 정상은 정기적인 회담과 직통전화를 통하여 민족의 중대사를 수시로 진지하게 논의하고 신뢰를 굳건히 하며, 남북 관계의 지속적인 발전과 한반도의 평화와 번영, 통일을 향한 좋은 흐름을 더욱 확대해나가기 위하여 함께 노력하기로 하였다. 당면하여 문재인 대통령은 올해 가을 평양을 방문하기로 하였다.

2018년 4월 27일
판문점

대한민국   조선민주주의인민공화국
대통령 문재인   국무위원회 위원장 김정은

출처: 대한민국 외교부 홈페이지〉외교정책〉북한 핵 문제〉주요문서〉문서번호 50번

9. 「북미 정상회담 공동성명」

김정은 조선민주주의인민공화국 국무위원회 위원장과 도널드 제이. 트럼프 미합중국 대통령 사이의 싱가포르 수뇌회담 공동성명

김정은 조선민주주의인민공화국 국무위원회 위원장과 도널드 제이. 트럼프 미합중국 대통령은 2018년 6월 12일 싱가포르에서 첫 역사적인 수뇌회담을 진행하였다.

김정은 위원장과 트럼프 대통령은 새로운 조미 관계 수립과 조선반도에서의 항구적이며 공고한 평화 체제 구축에 관한 문제들에 대하여 포괄적이며 심도 있고 솔직한 의견 교환을 진행하였다.

트럼프 대통령은 조선민주주의인민공화국에 안전 담보를 제공할 것을 확언하였으며 김정은 위원장은 조선반도의 완전한 비핵화에 대한 확고부동한 의지를 재확인하였다.

김정은 위원장과 트럼프 대통령은 새로운 조미 관계 수립이 조선반도와 세계의 평화와 번영에 이바지할 것이라는 것을 확신하면서, 호상(상호) 신뢰 구축이 조선반도의 비핵화를 추동할 수 있다는 것을 인정하면서 다음과 같이 성명한다.

  1. 조선민주주의인민공화국과 미합중국은 평화와 번영을 바라는 두 나라 인민들의 염원에 맞게 새로운 조미 관계를 수립해나가기로 하였다.

2. 조선민주주의인민공화국과 미합중국은 조선반도에서 항구적이며 공고한 평화 체제를 구축하기 위하여 공동으로 노력할 것이다.

3. 조선민주주의인민공화국은 2018년 4월 27일에 채택된 판문점 선언을 재확인하면서 조선반도의 완전한 비핵화를 향하여 노력할 것을 확약하였다.

4. 조선민주주의인민공화국과 미합중국은 전쟁 포로 및 행방불명자들의 유골 발굴을 진행하며 이미 발굴 확인된 유골들을 즉시 송환할 것을 확약하였다.

김정은 위원장과 트럼프 대통령은 역사상 처음으로 되는 조미 수뇌회담이 두 나라 사이에 수십 년간 지속되어온 긴장 상태와 적대 관계를 해소하고 새로운 미래를 열어나가는 데서 커다란 의의를 가지는 획기적인 사변이라는 데 대하여 인정하면서 공동성명의 조항들을 완전하고 신속하게 이행하기로 하였다.

조선민주주의인민공화국과 미합중국은 조미 수뇌회담의 결과를 이행하기 위하여 가능한 빠른 시일 안에 마이크 폼페이오 미합중국 국무장관과 조선민주주의인민공화국 해당 고위 인사 사이의 후속 협상을 진행하기로 하였다.

김정은 조선민주주의인민공화국 국무위원회 위원장과 도널드 제이. 트럼프 미합중국 대통령은 새로운 조미 관계 발전과 조선반도와 세계의 평화와 번영, 안전을 추동하기 위하여 협력하기로 하였다.

2018년 6월 12일

싱가포르 센토사섬

조선민주주의인민공화국   미합중국

국무위원회 위원장   대통령

김정은   도널드 제이. 트럼프

출처: 조선중앙통신, 2018년 6월 13일

(연합뉴스, 「북한이 보도한 6·12 북미 정상회담 공동성명 전문」 재인용)

10. 「9월 평양 공동선언」

대한민국 문재인 대통령과 조선민주주의인민공화국 김정은 국무위원장은 2018년 9월 18일부터 20일까지 평양에서 남북 정상회담을 진행하였다.

양 정상은 역사적인 「판문점선언」 이후 남북 당국간 긴밀한 대화와 소통, 다방면적 민간 교류와 협력이 진행되고, 군사적 긴장 완화를 위한 획기적인 조치들이 취해지는 등 훌륭한 성과들이 있었다고 평가하였다.

양 정상은 민족자주와 민족자결의 원칙을 재확인하고, 남북 관계를 민족적 화해와 협력, 확고한 평화와 공동 번영을 위해 일관되고 지속적으로 발전시켜나가기로 하였으며, 현재의 남북 관계 발전을 통일로 이어갈 것을 바라는 온 겨레의 지향과 여망을 정책적으로 실현하기 위하여 노력해나가기로 하였다.

양 정상은 판문점선언을 철저히 이행하여 남북 관계를 새로운 높은 단계로 진전시켜나가기 위한 제반 문제들과 실천적 대책들을 허심탄회하고 심도 있게 논의하였으며, 이번 평양 정상회담이 중요한 역사적 전기가 될 것이라는 데 인식을 같이하고 다음과 같이 선언하였다.

1. 남과 북은 비무장지대를 비롯한 대치 지역에서의 군사적 적대 관계 종식을 한반도 전 지역에서의 실질적인 전쟁 위험 제거와 근본적인 적대 관계 해소로 이어나가기로 하였다.

① 남과 북은 이번 평양 정상회담을 계기로 체결한 「판문점선언 군사분야 이행합의서」를 평양 공동선언의 부속 합의서로 채택하고 이를 철저히 준수하고 성실히 이행하며, 한반도를 항구적인 평화지대로 만들기 위한 실천적 조치들을 적극 취해나가기로 하였다.

② 남과 북은 남북군사공동위원회를 조속히 가동하여 군사분야 합의서의 이행 실태를 점검하고 우발적 무력 충돌 방지를 위한 상시적 소통과 긴밀한 협의를 진행하기로 하였다.

2. 남과 북은 상호 호혜와 공리공영의 바탕 위에서 교류와 협력을 더욱 증대시키고, 민족 경제를 균형적으로 발전시키기 위한 실질적인 대책들을 강구해나가기로 하였다.

① 남과 북은 금년 내 동, 서해선 철도 및 도로 연결을 위한 착공식을 갖기로 하였다.

② 남과 북은 조건이 마련되는 데 따라 개성공단과 금강산관광사업을 우선 정상화하고, 서해경제공동특구 및 동해관광공동특구를 조성하는 문제를 협의해나가기로 하였다.

③ 남과 북은 자연생태계의 보호 및 복원을 위한 남북 환경 협력을 적극 추진하기로 하였으며, 우선적으로 현재 진행 중인 산림 분야 협력의 실천적 성과를 위해 노력하기로 하였다.

④ 남과 북은 전염성 질병의 유입 및 확산 방지를 위한 긴급조치를 비롯한 방역 및 보건·의료 분야의 협력을 강화하기로 하였다.

3. 남과 북은 이산가족 문제를 근본적으로 해결하기 위한 인도적 협력을 더욱 강화해나가기로 하였다.

① 남과 북은 금강산 지역의 이산가족 상설 면회소를 빠른 시일 내 개소하기로 하였으며, 이를 위해 면회소 시설을 조속히 복구하기로 하였다.

② 남과 북은 적십자회담을 통해 이산가족의 화상 상봉과 영상편지 교환 문제를 우선적으로 해결해나가기로 하였다.

4. 남과 북은 화해와 단합의 분위기를 고조시키고 우리 민족의 기개를 내외에 과시하기 위해 다양한 분야의 협력과 교류를 적극 추진하기로 하였다.

① 남과 북은 문화 및 예술 분야의 교류를 더욱 증진시켜나가기로 하였으며, 우선적으로 10월 중에 평양예술단의 서울 공연을 진행하기로 하였다.

② 남과 북은 2020년 하계올림픽경기대회를 비롯한 국제 경기들에 공동으로 적극 진출하며, 2032년 하계올림픽의 남북 공동 개최를 유치하는 데 협력하기로 하였다.

③ 남과 북은 10·4 선언 11주년을 뜻깊게 기념하기 위한 행사들을 의의 있게 개최하며, 3·1운동 100주년을 남북이 공동으로 기념하기로 하고, 그를 위한 실무적인 방안을 협의해나가기로 하였다.

5. 남과 북은 한반도를 핵무기와 핵 위협이 없는 평화의 터전으로 만들어나가야 하며 이를 위해 필요한 실질적인 진전을 조속히 이루어나가야 한다는 데 인식을 같이하였다.

① 북 측은 동창리 엔진 시험장과 미사일 발사대를 유관국 전문가

들의 참관하에 우선 영구적으로 폐기하기로 하였다.

② 북 측은 미국이 「6·12 북미 공동성명」의 정신에 따라 상응 조치를 취하면 영변 핵 시설의 영구적 폐기와 같은 추가적인 조치를 계속 취해나갈 용의가 있음을 표명하였다.

③ 남과 북은 한반도의 완전한 비핵화를 추진해나가는 과정에서 함께 긴밀히 협력해나가기로 하였다.

6. 김정은 국무위원장은 문재인 대통령의 초청에 따라 가까운 시일 내로 서울을 방문하기로 하였다.

2018년 9월 19일

대한민국 대통령   조선민주주의인민공화국 국무위원장
문재인   김정은

출처: 대한민국 외교부 홈페이지〉외교정책〉북한 핵 문제〉주요문서〉문서번호 52번

한반도와 일본의 미래

2021년 2월 19일 1판 1쇄

지은이 강상중 **옮긴이** 노수경

편집 이진·이창연·홍보람 **디자인** 김민해
제작 박흥기 **마케팅** 이병규·양현범·이장열 **홍보** 조민희·강효원

인쇄 천일문화사 **제책** J&D바인텍

펴낸이 강맑실 **펴낸곳** (주)사계절출판사
등록 제406-2003-034호 **주소** (우)10881 경기도 파주시 회동길 252
전화 031)955-8588, 8558 **전송** 마케팅부 031)955-8595 편집부 031)955-8596
홈페이지 www.sakyejul.net **전자우편** skj@sakyejul.com
블로그 skjmail.blog.me **페이스북** facebook.com/sakyejul
트위터 twitter.com/sakyejul

ISBN 979-11-6094-711-3 03300